- DIPLOMICA -
BAND 5

Herausgegeben von Björn Bedey

*Die künstliche Evolution
der Cyborgs*

Erkenntnistheoretische Aspekte der Bioinformatik

von

Marion Friedrich

Tectum Verlag
Marburg 2003

Die Reihe *diplomica* ist entstanden aus einer Zusammenarbeit der Diplomarbeitenagentur *diplom.de* und dem *Tectum Verlag*. Herausgegeben wird die Reihe von Björn Bedey.

Friedrich, Marion:
Die künstliche Evolution der Cyborgs.
diplomica, Band 5
/ von Marion Friedrich
- Marburg : Tectum Verlag, 2003
ISBN 978-3-8288-8554-7

© Tectum Verlag

Tectum Verlag
Marburg 2003

Inhaltsverzeichnis

Inhaltsverzeichnis 3
1. Einleitung 5
2. Cyborgs: Historie und Begriffsklärung 9
   2.1. Vom Astronaut zum Cyborg: Clynes' Kinder 11
   2.2. Evolution unter Umweltdruck 14
   2.3. Cyborg- und Gentechnik 19
3. Biotechnische Methoden und Anwendungen 23
   3.1. Neurochips 26
   3.2. Ersatzsensorik 29
   3.3. Schnittstellen zwischen Tier und Maschine 31
      3.3.1. Rechnende Blutegel 33
      3.3.2. Ratten mit "telepathischen" Fähigkeiten 33
      3.3.3. Der Fisch-Roboter 34
   3.4. Identifikation und Kommunikation durch Neurochips 35
      3.4.1. Warwicks Transponder 36
      3.4.2. "Telepathische" Computer 38
4. Die Annäherung von Mensch und Maschine 43
   4.1. Die Digitalisierung der Gebrauchsgegenstände 44
   4.2. Roboter 47
      4.2.1. Etymologie und Geschichte 48
      4.2.2. Aktuelle Robotertypen 49
      4.2.3. Anforderungen an Dienstroboter 53
   4.3. Bewusstsein und Cyborg-Realität 55
      4.3.1. Voraussetzungen für eine wissenschaftliche Bewusstseinstheorie 56
      4.3.2. Die Irreduzibilität der Subjektivität 59
      4.3.3. Neurophysiologische Erkenntnisse 60
      4.3.4. Bioinformatische Ansätze 62

4.4. Künstliches Leben 64

    4.4.1. Emotionen und Motive 66

    4.4.2. Lernfähigkeit 67

    4.4.3. Selbstreproduktion 69

4.5. Der Körperkünstler Stelarc 71

4.6. Zukunftsprognosen 75

    4.6.1. Donna Haraways Cyborg-Manifest 77

    4.6.2. Horrorvisionen 78

    4.6.3. Absehbare Risiken der progressiven Cyborgisierung 81

    4.6.4. Der Fortschritt der Informationstechnologie 83

5. Die philosophische Aufgabenstellung 87

    5.1. Informationstechnologie und Fortschrittskontrolle 89

    5.2. Praktische ethische Probleme 91

        5.2.1. Wissen ist Macht 93

        5.2.2. Überwachungssysteme 96

    5.3. Lösungsansätze 100

        5.3.1. Koexistenz von Mensch und Maschine 100

        5.3.2. Technikfolgenabschätzung und Verantwortung 103

        5.3.3. Die judikative Kritik als Lösungsansatz 108

    5.4. Synthese 110

6. Nachwort 115

Literatur und Quellennachweise 119

1. Einleitung

> *"Es sei vielleicht noch erwähnt, dass es um die Mitte des 19. Jahrhunderts in Zürich Ärzte gab, die das Eisenbahnfahren als äußerst gesundheitsschädigend bezeichneten. Der Mensch werde durch die fürchterlich hohe Geschwindigkeit in ein gefährliches "Delirium furiosum" versetzt, wodurch er aller Sinne beraubt werde."*
>
> *Oskar Welti*[1]

Der Mensch projiziert seine Vorstellung von sich in die Zukunft und manipuliert nach diesem Bild seinen Organismus. Er konstruiert biologische Systeme und greift in die Evolution ein, indem er sein eigener Schöpfer wird. So wird der Mensch der nächsten Generationen heute, zumindest aus der Perspektive der Bioinformatik[2], gesehen.

Durch die aufgrund dieses Forschungsziels entstehende ethische Problematik eröffnet sich der Philosophie ein spannendes Themenfeld: Die fortschreitende Technologisierung der Welt scheint außer Kontrolle geraten zu sein, Horrorvisionen einer zukünftigen Welt unter der Gewaltherrschaft von Maschinen und blinder Fortschrittsoptimismus stehen nebeneinander. Die Philosophie muss hier ethische Stellung beziehen. Doch inwieweit kann sie sich in der Diskussion um Risiken und Chancen des Fortschritts beteiligen und einen akzeptablen Lösungsvorschlag bringen?

Unsere Epoche ist charakterisiert durch die graduelle Inkorporierung technischer Elemente und Funktionen in unser Leben: Medizinische Hilfsmittel wie Herzschrittmacher und künstliche Gelenke, aber auch Internet und Telekommunikationssysteme sind aus unserem Alltag nicht mehr wegzuden-

---

[1] Welti, O., zitiert nach: Bürgin, L., *Irrtümer der Wissenschaft*, 1981, S. 137
[2] vgl.: Schlee, D. u. Kleber, H.-P., *Wörterbücher der Biologie: Biotechnologie*, 1990, S. 372

ken. Wir leben in der kontinuierlichen Präsenz von Technik und Technologie. Der Einsatz von Werkzeugen zählt zu den grundlegenden menschlichen Überlebensstrategien. Mechanische Werkzeuge wurden durch elektrische und elektronische Geräte ergänzt, die immer kleiner und leistungsstärker wurden. Der Kontakt zwischen dem Menschen und seinen technischen Hilfsmitteln wurde immer enger. Die Robotik treibt die Weiterentwicklung dieser Werkzeuge voran, die Cyborg-Technologie inkorporiert sie in den Organismus. Bioinformatische Schnittstellen zwischen Organismus und künstlichen Systemen ermöglichen bedeutende Fortschritte insbesondere im Bereich der Medizin. Wie wirkt sich der Integrationsprozess künstlicher Bestandteile in unser alltägliches Leben und die Fusion technischer Hilfsmittel mit natürlichen Ressourcen auf uns aus? In vorliegender Arbeit soll die Darstellung aktueller biotechnischer Methoden eine wissenschaftliche Annäherung an das spektakulär klingende Thema "**Die künstliche Evolution der Cyborgs: erkenntnistheoretische Aspekte der Bioinformatik**" gewährleisten.

Der zentrale Begriff des Cyborgs umfasst hier diejenigen symbiotischen Verbindungen zwischen einem lebenden Organismus und einem künstlichen System, die durch interne (intraorganistische) Schnittstellen entstehen. Somit werden durch mechanische Instrumente (wie Brillen, Rollstühle etc.) unterstütze Personen nicht als Cyborgs betrachtet.

Die progressive Weiterentwicklung der Cyborg-Technologie, die künstliche Evolution der Cyborgs, soll zusammenhängend dargestellt werden. Dazu werden mögliche Faktoren, die zu dieser Entwicklung beitragen, untersucht. Die These hierbei lautet, dass der Mensch durch die von ihm erschaffenen bioinformatischen Möglichkeiten in der Lage ist, die Evolution zu beeinflussen und zu steuern. Die Bioinformatik als Teilbereich der angewandten Informatik umfasst über die Integration künstlicher Komponenten in biologische Organismen hinaus

"alle Verwendungsmöglichkeiten moderner Informations- und Kommunikationstechnologien (ITK) im Bereich der Biowissenschaften, einschließlich der Biotechnologie und der medizinischen Forschung. [...]"[3]

Diese Definition wird durch die thematische und konzeptionelle Ähnlichkeit zu ihren direkten Nachbarschaftsdisziplinen unterstützt: Die Bioinformatik steht in konstantem Austausch mit der Medizininformatik, der Rechtsinformatik und der Wirtschaftsinformatik[4]. Für diese fachübergreifende Zusammenarbeit im Forschungsfeld der Cyborg-Technologien wird der Begriff der Syntopie[5] verwendet. Dieses Begriffskonzept umfasst nicht nur methodische Analogien im Vorgehen, sondern auch eine ähnliche inhaltliche Schwerpunktsetzung der einzelnen Disziplinen. Das Vorgehen der Bioinformatik ist ebenso von Erkenntnissen der Psychologie und der Rechtswissenschaften beeinflusst. Somit charakterisiert sich die Bioinformatik als interdisziplinäre Wissenschaft.

Diese Arbeit unternimmt den Versuch, Folgen der globalen Ausbreitung von Informationstechnologien wie z.B. dem Internet zu identifizieren. Diese Faktoren werden unter philosophischen Gesichtspunkten betrachtet. Die Aktualität des Themas bewirkt dabei, dass vor allem das Internet und Newsgroups fast täglich eine Flut von mehr oder weniger relevanten Informationen erleben. Für diese Arbeit ergibt sich dadurch die Schwierigkeit, aus diesem Datenmeer die hier angebrachten und notwendigen Fakten herauszufiltern.

Parallel zum Fortschritt der Cyborg- und Informationstechnologie expandieren auch die Forschungsgebiete der Künstlichen Intelligenz, KI, und des Künstlichen Lebens, KL. Ihr Ziel ist die Entwicklung eines intelligenten Roboters, der sich vergleichbar zu einem lebenden Wesen verhält[6]. Diese Entwicklung entfacht erneut Diskussionen um Möglichkeiten und Limitationen künstlichen Lebens. Roboter sind optimierte Werkzeuge des Men-

---

[3] idem S. 178
[4] vgl. Lipinski, H.-G., Einführung in die medizintechnische Informatik, 1999, S. 36
[5] vgl.: Pöppel, E., Radikale Syntopie an der Schnittstelle von Gehirn und Computer, in: Maar, C., Pöppel, E., Christaller, T. (Hrsg.), Die Technik auf dem Weg zur Seele, 1996, S. 12ff
[6] vgl.: Menzel, P. u. D'Aluisio, F., *Robo sapiens,* 2000, S. 16ff

schen. Insofern ist die Robotik als artverwandt zur Bioinformatik zu betrachten. Die Cyborg-Technologie verlegt nun den Berührungspunkt zwischen Mensch und Werkzeug in den Organismus. Somit beruhen sowohl Robotik und Cyborg-Wissenschaft auf dem Grundsatz der Weiterentwicklung von Werkzeugen.

Die Konsequenzen der Cyborg-Technologie sind multidimensional: Soziale und gesellschaftliche Problematiken müssen berücksichtigt werden. Doch anders als es bei Automaten und Robotern der Fall ist, die entsorgt werden können, wenn sie den Anforderungen der Umwelt nicht mehr gerecht werden oder überflüssig geworden sind, sind Cyborgs lebende Wesen. Sie unterstehen keiner Verfügungsgewalt und entziehen sich somit der externen Kontrolle. Hier ergeben sich neue Anforderungen an Ethik und Philosophie. Durch den Fortschritt der Informationstechnologie vollzieht sich ein fließender Übergang vom Mensch zum Cyborg. Cyborgs erweitern die Grenzen des Mensch-Seins in biologischer und psychologischer Hinsicht und provozieren so wesentliche philosophische und auch religiöse Fragen[7]. So ist eine philosophische Betrachtung des Themenkomplexes der Cyborg-Technologie dringend notwendig. Die Philosophie muss sich neuen Entwicklung rechtzeitig stellen, ihr kommt jetzt die Aufgabe zu, ein ethisches Fundament zu errichten, das die progressive Cyborgisierung des Menschen und der Gesellschaft tragen kann.

---

[7] vgl.: Hack, Günter: http://www.uni-erfurt.de/~hack/sci/magister/vorwort.htm

2. Cyborgs: Historie und Begriffsklärung

> "So ist jeder organische Körper eines Lebewesens eine Art von göttlicher Maschine oder natürlichem Automaten, der alle künstlichen Automaten unendlich übertrifft."
>
> Gottfried Wilhelm Leibniz[8]

Die "Geschöpfe" der Künstlichen Intelligenz, KI, und des Künstlichen Lebens, KL, blicken auf eine lange Forschertradition zurück: Die geschichtliche Entwicklung von Pionieren der Informatik wie Charles Babbage und John von Neumann ist klar nachzuvollziehen. Ihre ideellen Ableger, *intelligente künstliche Systeme*, sind allgegenwärtig. Während sich die KI mit Problemlösestrategien künstlicher Systeme beschäftigt, basiert KL auf der Annahme, dass die Prinzipien biologischen Lebens von Automaten simuliert werden können.

Ein Großteil unserer Umwelt ist bereits mit technischen und elektronischen Komponenten verlinkt. In einer kontinuierlichen Weiterentwicklung ausgehend von der klassischen von Neumann-Rechenmaschine wurden Kapazität und Schnelligkeit der Computer kontinuierlich verbessert. Moderne Computer können mit großen Datenmengen umgehen und diese in einer Geschwindigkeit bearbeiten, die weit über der Leistungsfähigkeit des menschlichen Gehirns liegt. Die Wissenschaft, die sich mit Systemen, die Wissen repräsentieren, modellieren, transformieren und identifizieren, ist die KI[9].

Während sich die KI an vorgegebenen kognitiven Leistungen orientiert und so wissensbasierte Expertensysteme nach der top-down-Methode schafft, nimmt sich die KL Aufbau und Funktion des menschlichen Gehirns zum

---

[8] Leibniz, G. W., *Monadologie*, 1998, § 64, S. 47
[9] vgl.: Kinnebrock, W., Künstliches Leben: Anspruch und Wirklichkeit, 1996, S.11

Vorbild. Sie konstruiert Maschinen, die nach der bottum-up-Methode Wissen *erwerben,* folglich *lernfähig* sind[10]. Solche verhaltensbasierten Systeme sind in der Lage, mit ihrer Umwelt zu interagieren, wobei eine dynamische Interdependenz zwischen Umwelt und System entsteht. Die Intelligenz des Systems konzentriert sich mithin darauf, bestimmte Aufgaben zu lösen und definierte Ziele innerhalb der vorgegebenen Umwelt zu erreichen[11].

Die Cyborg-Wissenschaft findet ihren Ursprung in der Zusammenarbeit von KI und KL. Der Begriff des Cyborgs entstand in den 60er Jahren als angloamerikanischer Neologismus: Er setzt sich aus den Worten kybernetisch und Organismus zusammen. Das Wort "kybernetisch" stammt aus dem Griechischen und wird mit "Steuermannskunst" übersetzt. Im aktuellen Sprachgebrauch der modernen Wissenschaft wird kybernetisch für miteinander kooperierende, informationsverarbeitende Systeme verwendet, die auf der Basis von sich gegenseitig beeinflussenden und rückwirkenden Regelkreisen funktionieren[12].

Ein Cyborg ist ein Wesen, dessen Organismus durch künstliche Systeme, also anorganische Komponenten, ergänzt ist. Hierbei stellt sich die Frage, ab welchem Integrationsgrad der mechano-elektronischen Komponenten das Subjekt als Cyborg zu bezeichnen ist. So definiert z.B. N. Katherine Hayles den in irgendeiner Weise durch ein künstliches System unterstützen Organismus als Cyborg[13]. Innerhalb dieses weit gefassten Konzepts gelten Brillen, Herzschrittmacher, Computer, Videospiele etc. bereits als Cyborg-Komponenten. Der Cyborg-Begriff, der dieser Arbeit zugrunde liegt, meint vorerst jedoch nur Verbindungen zwischen Organismus und künstlichem System, die über eine direkte, intraorganistische Schnittstelle zwischen organischen Zellen und künstlichen Elementen entstehen. Außerhalb des Organismus angewandte künstliche Systeme und Werkzeuge zur Unterstützung physischer Funktionen wie Brillen, Hörgeräte, etc. gelten als funktio-

---

[10] vgl.: Mainzer, K., *Gehirn, Computer, Komplexität*, 1997, S. 118ff
[11] vgl. Kinnebrock, S. 12
[12] Seebold, E. (Hrsg.), Kluge: Etymologisches Wörterbuch der deutschen Sprache, 1999, S. 496
[13] Hayles, N.K., in: Gray, Chris Hables (Hrsg.), *The Cyborg Handbook*, 1995, S. 321ff

nelle Vorläufer der Cyborg-Komponenten. Diese Differenzierung zwischen Cyborgs und (rein biologischen) Menschen wird hier vorgenommen, da in dieser Arbeit davon ausgegangen wird, dass die Cyborg-Wissenschaft im oben definierten Sinn eine spezifische ethische und konzeptionelle Problematik mit sich bringt, die eigens behandelt werden muss.

2.1. Vom Astronaut zum Cyborg: Clynes' Kinder

Der Begriff "Cyborg" wurde erstmals im Jahre 1960 von dem Ingenieur Clynes und dem Arzt Kline in dem wissenschaftlichen Bericht Cyborgs and Space für die Flugmedizinschule der US Air Force benutzt[14]. Hierbei handelte es sich um einen Neologismus, den die Forscher aus den Worten "kybernetisch" und "Organismus" synthetisierten, um "den von außen erweiterten organisatorischen Komplex, der unbewusst als ein integriertes homöostatisches System funktioniert"[15] so zu bezeichnen.

Die Wissenschaftler arbeiteten an der Erforschung des menschlichen Nervensystems. Das angestrebte pragmatische Ziel war die Anpassung menschlicher Organismen an die Bedingungen der Schwerelosigkeit mit Hilfe implantierter chemo-elektronischer Systeme. Um den Problemen aufgrund mangelhafter technischer Ausstattung und limitierter technologischen Möglichkeiten zu begegnen, erschien es Clynes die bestmögliche Lösung, den menschlichen Organismus an die ungewohnte Umgebung im All anzupassen.

In Im Jahre 1970 erweiterte Clynes den Cyborg-Begriff von der rein physischen auf eine mentale Ebene: In dem Artikel *Cyborg II - Sentic Space Trave* für die Zeitschrift *Astronautics* behandelt er Methoden zur Bewältigung psychischer Probleme der Astronauten, die während Langstreckenraumflüge auftreten könnten[16]. Als Ausgangspunkt setzte Clynes die Theo-

---

[14] C. H. Gray (Hrsg.), *The Cyborg Handbook*, 1995, S.43 ff.
[15] idem, Übersetzung durch Günter Hack:
http://www.uni-erfurt.de/~hack/sci/magister/magister.htm#21diegeburt
[16] Gray (Hrsg.), 1995, S. 35

rie, dass sich die Langeweile der Raumfahrer, die durch das stereotype Erledigen von Routineaufgaben auf den Langzeitflügen aufkommt, durch den assoziierten Mangel an positiven Gefühlen negativ auf Psyche und Physe auswirkte. Clynes schlug eine Methode zur Behandlung und Beseitigung dieser Emotionszustände vor, die zur mentalen Adaptation an die veränderten Bedingungen im All führte. Das zugrundeliegende methodologische Prinzip findet heute unter dem Namen Biofeedback in der Psychotherapie ein weites Anwendungsspektrum[17].

In Clynes' Raumfahrtsprojekt werden die ersten Stufen der Cyborg-Entwicklung vorgestellt und der Übergang von rein physischen zu mentalen Konzepten wird vollzogen. Die Theorie der Cyborg-Evolution löst sich von der exklusiven Vorstellung eines Cyborgs als Mensch-Maschine-Wesen, dessen organisches Material von künstlichen Elementen durchdrungen wird: Ein Cyborg ist ein in irgendeiner Form manipulierbares und manipuliertes Wesen, dem nicht extern körperfremde Objekte zugeführt werden müssen, um so neue Funktionen durch Hardwarekomponenten zu schaffen, sondern der auch in internen Körpervorgängen beeinflusst werden kann.

Weitere Stufen des Cyborg-Evolutionsmodells beschreiben die Interaktion körperfremder Systeme mit körpereigenen Substanzen innerhalb eines bereits im Organismus existierenden Mechanismus. Projekt Cyborg III beinhaltet die Vorstellung von implantierten artifiziellen Systemen, die körpereigene Stoffe wie Neurotransmitter in einer der natürlichen neuronalen Übertragung überlegenen Geschwindigkeit manipulieren, d.h. deren Ausschüttung durch exhibitorische Vorgänge stimulieren oder durch inhibitorische Vorgänge hemmen. Diese akzelerierte Neurotransmitteraktivität würde eine optimierte Adaptationsfähigkeit in einer spezifischen Situation ermöglichen. Im Projekt Cyborg IV soll schließlich das Erbgut des Menschen verändert werden[18].

---

[17] Hack, http://www.uni-erfurt.de/~hack/sci/magister/magister.htm#21diegeburt
[18] Gray, S. 43

Die grundlegende Idee eines Cyborgs liegt also in der optimierten Interaktion des Menschen mit einer Maschine. In diesem Interaktionsprozess verbindet sich der biologische Organismus mit dem künstlichen System derart, dass eine neue, hybride Entität entsteht. Dieser Hybrid oder Cyborg ist ein strukturell oder funktionell manipuliertes Wesen, das sich nun auf modifizierte Weise an die Umwelt adaptieren kann[19].

Clynes' Konzept spiegelt den der Cyborg-Wissenschaft zugrundeliegenden Gedanken wieder: Cyborgs sind die logische Weiterentwicklung des menschlichen Körpers über einen aus rein biologischem Material bestehenden Organismus hinaus. Der Einsatz von anorganischen Systemen, die den Menschen zum Cyborg werden lassen, entsprechen der Integration von Werkzeugen in den Körper eines Lebewesens, um so seinen Fitnessgrad[20] zu verbessern. Der Gebrauch von Werkzeugen war für den Menschen schon immer eine wichtige Überlebensstrategie, die ihm erlaubte, sich in einem feindseligen Medium durchzusetzen: Die Cyborg-Wissenschaft verlagert nun den Berührungspunkt zwischen Mensch und Gerät in den Körper des Lebewesens. So ist die Cyborgisierung als Fortsetzung und bewusste Weiterführung der natürlichen Evolution zu sehen. Der Begriff "Evolution" wird hier und im Folgenden biotechnologisch[21] definiert.

---

[19] vgl. hack, http://www.uni-erfurt.de/~hack/sci/magister/magister.htm#21diegeburt
[20] also Darwins Prinzip des "survival of the fittest"
[21] Zum Begriff der Evolution: "Entwicklung der Organismenwelt, wobei eine abiotische und eine biotische Phase der E. unterschieden wird. Während die abiotische Phase die im Urozean ablaufenden chemischen Synthesen von Grundbausteinen (z.B. Aminosäuren, Purine, Pyrimidine) der organischen Makromoleküle umfasst, ist die biotische E. durch das Zusammenwirken verschiedener Evolutionsfaktoren, wie Mutationen und Rekombination der Gene, Isolation und natürliche Auslese (Selektion) charakterisiert. Durch die Technologie und vor allem die Biotechnologie können biotische Evolutionsprozesse beeinflusst bzw. korrigiert werden, indem Bedingungen für das Wirken von bestimmten Naturgesetzen aufgehoben und durch andere ersetzt werden (z.B. durch Genmanipulation, Zellfusion, Synthese künstlicher Gene). Dadurch werden Veränderungen ermöglicht, die der natürlichen E. von sich aus nicht eigen sind [...]. Durch die Biotechnologie wird der Mensch zum Projektanten und Konstrukteur neuartiger biologischer Organismen und partiell von Evolutionsprozessen. Das ferne Ziel der Biotechnologie könnte die Konstruktion neuer Arten sein, für deren Bau Kenntnisse über die Biologie, Ökologie und Tech-

2.2. Evolution unter Umweltdruck

Der Wissenschaftler kann nach der biotechnologischen Auffassung des Evolutionsbegriffs durch das Anwenden biotechnologischer Methoden Einfluss auf die Evolution nehmen. Luc Steels, Direktor des VUB Artificial Intelligence Laboratory, prognostiziert die Entwicklung des Menschen hin zum Homo cyber-sapiens, indem er zeigt,

> "dass Intelligenz sich stetig zu immer größerer Komplexität und Leistungsfähigkeit entwickelt hat und dass es keinen Grund zu der Annahme gibt, diese Evolution sei zum Stillstand gekommen. Evolutionäre Sprünge sind stets mit anatomischen Veränderungen (Zunahme der Hirngröße und/oder der Kapazität von Sinnes- und Handlungsorganen) und starkem ökologischen Druck einhergegangen, denn diese beiden Faktoren sind die entscheidenden Antriebskräfte der Evolution."[22]

Für eine Zunahme des Gehirngröße gibt es zum aktuellen Forschungsstand in der Neurophysiologie keine Indizien. Steels weist jedoch auf die konstante und rasche Leistungssteigerung von Computern und somit auf die ansteigende Speicherkapazität der künstlichen Gehirne[23] hin. Dies kann auch für den Menschen eine übertragende Intelligenz- und Speicheroptimierung bzw. -vergrößerung zu Folge haben, wenn die Möglichkeiten der Nanotechnologie soweit fortgeschritten sind, dass biologische Gehirne mittels optimierter Schnittstellen durch künstliche Gedächtnisstrukturen unterstützt werden. Ebenso können sensorische und motorische Fähigkeiten durch artifizielle Hilfsmittel verbessert bzw. optimiert werden.

Die Entwicklung hin zum Homo sapiens muss unter dem Gesichtspunkt des ökologischen Drucks betrachtet werden. Veränderte Umweltanforderungen an eine Spezies wirken als Kausalfaktor für qualitative und quanti-

---

nologie zunehmend zur Verfügung stehen. Damit zwingt die Evolution zu einer ethisch moralischen Werturteilsbildung. [...]" Schlee, S. 372

[22] Steels, L., Homo cyber-sapiens oder Robo hominidus intelligens: Maschinen erwachen zu künstlichem Leben, in: Maar, C., Pöppel, E., Christaller, T., (Hrsg.), Die Technik auf dem Weg zur Seele, 1996, S. 329

[23] idem, S. 330

tative Veränderungen kognitiver und sensorischer Fähigkeiten[24]. Auch im 3. Jahrtausend ist der ökologische Druck ein relevantes Element in der Weiterentwicklung und Ausdifferenzierung der Arten: Akute Wirkfaktoren dieses Umweltanspruchs finden sich z.b. in gegenwärtigen Problemen der Überbevölkerung, der politischen und kulturellen Instabilität sowie der Chancen durch exponentielles Wachstums wissenschaftlicher Erkenntnisse und der Verfügbarkeit von Information. Auch wenn Steels betont, dass derartige Krisen sich nicht nur mit Hilfe cyborgischer Unterstützung beheben lassen, so sieht er dennoch einen ähnlichen Überlebensnotstand für die Spezies Mensch wie in vergangenen Epochen, die sich in der Dringlichkeit der Weiterentwicklung äußert. Optimierte kognitive Kapazitäten als adaptative Reaktion des Organismus auf diese modifizierten Umweltgegebenheiten sind, so Steels, insofern vonnöten, dass sie in der aktuellen Krisensituation eine adäquate und effektive Konfrontation der aus den vorherrschenden Umweltbedingungen resultierenden Problemen ermöglichen.

Innerhalb dieser Argumentation befindet sich der Mensch an einem Punkt, an dem er sich für eine bewusste Weiterentwicklung des menschlichen Organismus entscheiden und diese selbst steuern muss, um weiterhin in der nun von ihm modifizierten Umwelt als angepasstes Wesen existieren zu können. So befindet sich der Mensch nach Steels unter akutem Handlungszwang[25], der eine forcierte Entwicklung hin zu einem durch technische Hilfsmittel unterstützen Homo cyber-sapiens begünstigt.

An dieser Stelle soll Steels Argumentation der durch den Umweltdruck begünstigten Entwicklung hin zum Cyborg zugestimmt werden: Eine sich verändernde Umwelt mit entsprechend neuen Anforderungen erfordert innovative Konfrontations- und Anpassungsmechanismen. Unter diesem Aspekt veränderter Umweltanforderungen sollen nicht natürliche Änderungen der ökologischen Umwelt, meist bedingt durch Naturkatastrophen wie Überflutungen, Erdbeben und Klimaumstürze, betrachtet werden, sondern

---

[24] vgl. B.G. Campbell, *Entwicklung zum Menschen,* 1979, S. 34ff
[25] Im Gegensatz vollzieht sich die natürliche Evolution für das Individuum unbewusst, da Selektions- und Mutationskriterien nicht durch das einzelne Subjekt manipulierbar sind.

diejenigen, die sich durch den technologischen Fortschritt ergeben. Theoretisch bestehen zwei Möglichkeiten, modifizierten Umweltbedingungen gegenüberzutreten: Der Mensch kann versuchen, das Medium seinen Bedürfnissen nach zu reorganisieren oder sich selbst bzw. seinen Organismus anzupassen.

Im Zuge der technischen Erfindungen ändern sich die Anforderungen der Umwelt an das Individuum in einem relativ stabilen, doch raschen Prozess, der jedoch im menschlichen Kontrollfeld bleibt bzw. von Menschen provoziert wird. Damit ist die erste Möglichkeit der Anpassung der Umwelt an die Bedürfnisse der Menschen in diesem Stadium ausgeschlossen. Die Einflussnahme auf die Umwelt war die Prämisse für die aktuelle Situation, nämlich die bereits erfolgte Modifizierung des Mediums an neue Produktionsverhältnisse. Jetzt muss auf die von Menschen veränderte Umwelt erneut reagiert werden.

Problematisch wird die Situation dadurch, dass die Umwelt in einem Maße technologisiert wird, das jetzige reale Bedürfnisse übersteigt und wiederum selbst eine Anpassung der Menschen an diese veränderte Ausgangssituation erfordert: So wird der Übergang zur digitalen Informationsgesellschaft unbewusst vollzogen. Diese Informationsgesellschaft lässt sich nach Steinmüller so charakterisieren, dass die Gesellschaft als solche zum Anwendungsbereich der Informationstechnologien wird[26]. Steinmüller geht hierbei davon aus, dass die Informationstechnologien nicht nur in einzelne Lebensbereiche des Menschen wie in seine offizielle Arbeitswelt, sondern in alle Bereiche der Gesellschaft und durch die Schichten hindurch wie z.B. in die Hausarbeit eindringen wird.

Durch diesen Prozess gerät die Gesellschaft in ein Abhängigkeitsverhältnis zum zugrundeliegenden Informationssystem, auf dem die Expansion der Informationsindustrie basiert. Dieses Informationssystem beruht auf materiellen Informationsträgern wie Hard- und Software und Netzwerken, aber

---

[26] Steinmüller, W., Informationstechnologie und Gesellschaft, 1993, S. 522

auch auf Informationsdienstleistungen, Entscheidungskapazität, Wissen und Organisation[27].

Dieses Informationssystem durchdringt nun den gesamten politischen und sozialen Lebensbereich. Dadurch werden andere Anforderungen an den Menschen gestellt. Eine Weiterentwicklung im Sinne einer Evolution des Menschen steht somit u.a. in Abhängigkeit von marktökonomischen Faktoren.

Innerhalb einer kapitalistisch orientierten und hochtechnisierten Marktökonomie sind Erfolg und Misserfolg eines Lebewesens[28] noch immer von darwinistischen Evolutionsprinzipien wie survival of the fittest gesteuert. Die beste Anwendung und Benutzung von Werkzeugen, auf die der Mensch im Laufe seiner Evolutionsgeschichte stets angewiesen war, findet gegenwärtig in der kompetenten Benutzung technischer Geräte sowie einem intuitiven Technikverständnis Ausdruck. Nur das Individuum wird sich auf Dauer z.B. auf dem Arbeitsmarkt behaupten können, welches mit Informations-technologien umgehen kann. Das Konzept der sachgemäßen Anwendung umfasst nicht nur externe Applikationsverfahren[29], sondern auch die Nutzung digitaler Optimierungsverfahren, die die Kapazität des individuellen Organismus steigern. Wenn z.B. eine Technologie der Gedächtniserweiterung mittels eines zerebral implantierten Speicherchips Vorteile über die Anwendung externer Medien wie der Festplatte eines Computers bringt[30], so erhöht sich aus marktökonomischer Perspektive der Fitnessgrad des cyborgisierten Lebewesens.

Somit wird die Weiterentwicklung der gegebenen technischen Möglichkeiten aus marktwirtschaftlicher Sicht zwingend und notwendig. Die aktuelle Popularität elektronischer Arbeitsmittel wie Computersysteme zeigt diese Tendenz deutlich auf, jedoch konzentriert sich die fortschreitende Techno-

---

[27] idem
[28] somit seine individuelle Überlebenstauglichkeit
[29] im Sinne von einem korrekten Umgang mit z.B. Hard- und Software, Produkten der Telekommunikation etc.
[30] wie z.B. autonomen und konstanten Zugriff auf abgelegte Informationen in Independenz von vorhandenen Geräten, Stromzufuhr etc.

logisierung nicht mehr nur auf die Optimierung externer Hilfsmittel, sondern zwingt den Menschen selbst zur Weiterentwicklung und effektiven Ausnutzung seines Organismus als digitalisiertes Instrument. Dies wirkt als ein Kausalfaktor für die Verbreitung und Popularisierung der Cyborg-Technologie.

So ist auch die Anwendung über den anfänglichen medizinischen Einsatz von Cyborg-Techniken im pathologischen Bereich hinaus im Bereich eines standardisierten Optimierungsmodells des "normalen" Menschen durch hybride Elemente, die menschliche Kapazitäten erweitern, erklärt[31]. In einer kapitalistisch ausgerichteten Zivilisation auf Wettbewerbsbasis findet der Mensch eine Extension für seine limitierten Fähigkeiten, um weiter bei dem durch wirtschaftliche Gesichtspunkte geregelten Kampf um gesellschaftliche Primärstellungen teilnehmen zu können[32]: Die von uns hergestellten Computer übertreffen in der Übertragungsgeschwindigkeit, Speicherkapazität und Rechenleistung menschliche Gehirne, die gegenwärtig das höchste Produkt der natürlichen Evolution darstellen, bei weitem. Nun muss eine Möglichkeit der optimierten Interaktion zwischen Gehirn und Computer gefunden und etabliert werden, um durch die Symbiose die Kapazitäten jedes Systems voll ausnutzen zu können. Neuroimplantate in den Kortex sind vielversprechende Lösungs-methoden, um ein unmittelbares Mensch-Maschine-Interface zu erreichen. Andere Möglichkeiten beschränken und konzentrieren sich auf externe Peripheriegeräte, die z.B. durch wearable computing[33] nicht intrusiv realisiert werden können. Externe Schnittstellen bieten den Vorteil, dass auf sie ohne operative Maßnahmen zugegriffen werden kann, was Einbau, Kontakt, Kontrolle, Wartung, Reparatur und Austausch erleichtert.

---

[31] Bereits heute können einige Krankheits- oder unfallbedingten Dysfunktionen und Behinderungen durch den Einsatz von Cyborg-Komponenten wie Neurochips physischen Normalleistungen approximiert werden (s. Punkt 3)

[32] Hier greift der englische Begriff des *rat race*, der keine adäquate Übersetzung findet.

[33] also wie Kleidungsstücke am Körper mitgeführte Elektronik

2.3. Cyborg- und Gentechnik

Cyborg-Technologien können also dazu benutzt werden, die Anpassung des Menschen an die Anforderungen seiner (beruflichen wie privaten) Umwelt zu ermöglichen. Dies geschieht durch eine nachträgliche Manipulation der physischen Ausstattung des Lebewesens. Somit konzentriert sich die Cyborg-Wissenschaft in schulmedizinischer Tradition auf die Behebung der Symptome. Die Erscheinungsform, mithin der Phänotyp eines Individuums[34], wird so beeinflusst.

Anders die Methode der Gentechnologie: Sie setzt ihren Fokus auf die Ursachenbeseitigung. Gendefekte sollen behoben werden, bevor sie sich im Phänotyp und somit in der Erscheinungsform des Lebewesens manifestieren können.

Da beide Technologien Eingriffe in die natürliche Ausstattung des Organismus darstellen, ergeben sich aus beiden Forschungsrichtungen tendenziell ähnliche ethische Fragestellungen. Dennoch weisen die Wissenschaftsgebiete der Genmanipulation und der Cyborg-Technik so viele konzeptionelle Unterschiede auf, dass es in vorliegender Arbeit nicht möglich ist, beide Themenfelder zufriedenstellend darzustellen. Im Folgenden soll dies kurz begründet werden:

Der prinzipielle Unterschied in der ethischen Betrachtung der Cyborg- und der Gentechnik liegt insbesondere in den Konsequenzen für die Person als Individuum im Falle der Cyborgisierung als auch für die Spezies Mensch im Falle der Genmanipulation.

Gentechnische Eingriffe ziehen vorerst irreversible Konsequenzen für das betroffene Subjekt nach sich[35]. Sie integrieren sich als Eigenschaft des Le-

---

[34] somit auch die Auswirkungen bzw. Symptome eines bestimmten Krankheitsbilds

[35] Hier ist gemeint, dass zwar prinzipiell davon ausgegangen wird, dass erfolgte gentechnische Manipulationen eines Ungeborenen wieder umgekehrt werden können, dass jedoch die tatsächlichen Folgen der Genmanipulation erst in der Erscheinungsform, mithin nicht nur dem Genotyp sondern auch dem Phänotyp des nächsten Nachkommen erfasst werden können. Somit ist die Entscheidung für die Genmanipulation generationsübergreifend und für das Individuum irreversibel.

bewesens in dessen Organismus. Somit unterliegen sie innerhalb der natürlichen Fortpflanzung denselben Vererbungsmechanismen wie die ursprüngliche Gendotierung des Individuums. Die Methode der Genmanipulation stellt einen unsichtbaren Eingriff dar: Die äußere Morphologie eines genmanipulierten Subjekts durch fehlende technische Zusatzgeräte ist nicht auffällig.

Die Verlagerung der externen Schnittstellen zwischen Mensch und Maschine ins Körperinnere bei Cyborgs lässt die so erfolgten Updates der individuellen Funktionalität beinahe ebenso unauffällig wie die Manipulation des Erbguts werden. Jedoch ist dieser Eingriff insofern als reversibel einzustufen, dass die physische Primärausstattung der Folgegeneration von den digitalen internen Accessoires der Elterngeneration unberührt bleibt.

Für den Cyborg steht es u.a. in Abhängigkeit der Art durchgeführten Maßnahme und des Zeitpunkts des Einbaus, ob der Cyborgisierungs-Prozess umkehrbar ist: Im Falle von Neuroimplantaten geht organisches Material wie z.B. Neuronen oder andere Nervenzellen direkte Verbindungen bzw. eine Synthese mit anorganischem ein. So verschmelzen die Elemente zu einem komplexen System, wobei ein Reversionsprozess nur äußerst schwer vorstellbar ist, bei dem nicht gesunde Funktionen beeinträchtigt oder dem Risiko der Läsion ausgesetzt würden. Ähnliches ist in Abhängigkeit des Zeitpunkts des Einbaus zu erwarten: Wenn sich das Individuum noch in der Entwicklung befindet, ist eine tiefergehende Integration der Cyborg-Komponente in physische und psychische Funktionen zu erwarten.

Die Inkorporation von technischen Zusatzgeräten in den Organismus greift nicht in die Evolution ein. Doch analog zu gentechnischen Manipulationen besteht auch bei einer Cyborgisierung die Gefahr, dass sich die Vorstellung des Werts menschlichen Lebens ändert. Wenn die technischen Möglichkeiten gegeben sind, Form und Funktion des Organismus nach gesetzten Gütekriterien zu beeinflussen, kann ein neues, exklusives Menschheitsideal entstehen. Dies kann dies zur Selektion "lebenstauglicher" Individuen führen.

Wenn Individuen nach Gütekriterien wie Gesundheit, Intelligenz und Ästhetik geformt werden können, wird die Toleranz gegenüber Personen, die nicht in das Schema des perfektionierten Menschen passen, erhalten bleiben? Die Gentechnik kann in weitaus höherem Maß als Cyborg-Technologien durch ihre pränatalen Einsatzmöglichkeiten zum Entscheidungsträger über Leben oder Tod, zum Richter über die Definition von lebenswertem Leben werden. Insbesondere das Aussehen wird alltagspsychologisch oft als Kennzeichen für verborgene kognitive Eigenschaften des Individuums missbraucht[36]. Die Gefahr des so entstehendes ästhetischen Menschheitsideals liegt in der bereits beschriebenen Unsichtbarkeit gentechnischer Werkzeuge: Der Wirkungsort sind die (extern nicht einsichtigen) Gene.

Der Einsatz von Cyborg-Techniken hingegen wird über eine längere Zeitspanne hinweg bis zur vollständigen Inkorporation künstlicher Elemente in den Organismus von außen feststellbar sein. Somit ist es unwahrscheinlich, dass Cyborgs zum Schönheitsideal bestimmt werden. Vielmehr erscheint es logisch, dass sie zunächst eine eigene Subspezies bilden, die nicht mit menschlichen Kriterien nach Schönheit, Intelligenz etc. gemessen wird. Diese Hybriden wären somit allerdings auch einer eigenen sozialen Ausgrenzungsproblematik ausgesetzt. Cyborgs im Alltag würden durch ihr anfänglich spektakuläres und beeindruckendes Äußeres (z.B. bestimmt durch Kameraaugen, durch Kabel und Elektroden am Körper etc.) Aufsehen erregen. Damit wäre die Cyborg-Technologie durch ihre alltägliche Präsenz in die öffentliche Diskussion eingeschlossen. Sichtbare Cyborg-Komponenten wären einem Prozess der gesellschaftlichen Akzeptanz unterworfen[37].

---

[36] Dies wird u.a. in der Sozialpsychologie im Problemfeld der Attributionstheorien untersucht.

[37] Ähnliches ist bei der Mode des Piercings zu beobachten: Piercings entwickeln sich in einem langsamen Prozess bei Jugendlichen zu einem allgemeinen Schönheitsideal. Cyborg-Komponenten zeichnen sich jedoch durch einen spezifischen Funktionsgehalt aus, wie es z.B. auch Brillen und Hörgeräte tun. Somit steht die ästhetische Diskussion in Abhängigkeit zum Anwendungswert der Gerätschaften.

Das Zeitalter der neuronalen Implantate, wie Ray Kurzweil[38] unsere Epoche nennt, hat bereits begonnen. Parallel dazu werden gentechnische Möglichkeiten entwickelt. Vielen neuronalen und anderen degenerativen Krankheiten, die mit der verlängerten Lebenszeit korrelieren, kann so mittels moderner medizinischer Technologie entgegengewirkt werden kann. Sowohl die Gen- als auch die Cyborg-Technologie beschäftigen sich mit der Überwindung körperlicher Limitationen des Menschen. Vor allem gerontologische Gebrechen, die die kontinuierliche Steigung der Lebenserwartung begleiten, stellen eine schwerwiegende Einbuße der Lebensqualität dar. Eine Herausforderung für Medizin und Bioinformatik sind neben altersbedingten Krankheiten auch Körper- und Geistesbehinderungen und die große Klasse der Erbkrankheiten. Die Gentechnik setzt hier bei der Ursachenbekämpfung an, während sich die Cyborg-Technologie mit den Symptomen beschäftigt.

Im Folgenden soll ein Überblick über aktuelle Möglichkeiten und Methoden der Cyborg-Technologie gegeben werden.

---

[38] Kurzweil, R., *Homo s@piens*, 2000, S. 202 ff

3. Biotechnische Methoden und Anwendungen

> *"Ob wir in der Lage sein werden, das Leben zu kontrollieren? Ich glaube, schon. Wir alle wissen, wie unvollkommen wir sind. Warum sollten wir uns nicht selbst ein bisschen besser fürs Überleben rüsten?"*
>
> *James Watson*[39]

Von der Approximation von Medizin und Informationstechnologie erhoffen sich viele, Ärzte und Wissenschaftler eingeschlossen, den Anbruch einer neuen Ära der Medizin. Der Präsident der Bundesärztekammer, Jörg-Dietrich Hoppe, prognostiziert aufgrund des Fortschritts der Medizininformatik eine Steigerung der durchschnittlichen Lebenserwartung auf 100 Jahre und erhofft sich eine Verdopplung der durchschnittlichen Lebensdauer noch in diesem Jahrhundert[40].

Aktuelle Statistiken ergeben nach der neuesten, Anfang Januar 2000 errechneten so genannten abgekürzten Sterbetafel 1996/98 des Statistischen Bundesamtes eine durchschnittliche Lebenserwartung eines neugeborenen Jungen von 74,0 Jahren und diejenige eines neugeborenen Mädchens von 80,3 Jahren. Das entspricht einer Lebenserwartung von 0,4 Jahren (bei Jungen) bzw. 0,3 Jahren (bei Mädchen) mehr als nach der letzten Sterbetafel 1995/97.

Abbildung [1] auf der nächsten Seite zeigt die durchschnittliche fernere Lebenserwartung nach den Sterbetafeln von 1985 bis 1998 auf.

Auch andere Forscher und Wissenschaftler gehen von einem sprunghaften Anstieg der Lebenserwartung aus. So schloss das Team um John Wilmoth an dem demografischen Institut der Universität von Berkeley aus der Aus-

---

[39] Watson, J., zitiert nach: *Kaku, M., Zukunftsvisionen*, 2000, S. 263
[40] http://www.bundesaerztekammer.de/bak/owa/idms.show?id=113142

wertung des schwedischen Sterberegisters seit 1861, das als die vollständigste demografische Datenbank der Welt gilt, dass die maximale Lebenserwartung auf 120 Jahre ansteigen wird und stellte in der Untersuchung darüber hinaus fest, dass dieses bisher als maximal eingestufte Alter durchaus auch überschritten werden kann.

Die 10 Länder mit...

...der **niedrigsten** Lebenserwartung bei der Geburt in Jahren *)		...der **höchsten** Lebenserwartung bei der Geburt in Jahren *)	
1. Sambia	37	10. Italien	78
2. Swasiland	38	9. Frankreich	78
3. Malawi	39	8. Island	79
4. Ruanda	39	7. Schweden	79
5. Mosambik	40	6. Australien	79
6. Simbabwe	40	5. Kanada	79
7. Niger	41	4. San Marino	80
8. Uganda	42	3. China, Hongkong (SAR)	80
9. Botswana	44	2. Schweiz	80
10. Guinea	45	1. Japan	81

*) Durchschnittliche Lebenserwartung eines Neugeborenen nach den heutigen Sterberaten.

Quelle: "World Population Data Sheet 2000", Population Reference Bureau 2000 (auf deutsch: DSW-Datenposter "Weltbevölkerung 2000")

Abb. [3][41]

Die Forscher betonten, dass es keine Anzeichen für eine Höchstgrenze der menschlichen Lebenserwartung geben würde, da die maximale Lebenserwartung keine biologische Konstante darstellen würde[42].

Somit wären, nach Hoppe, innerhalb der nächsten 100 Jahre eine erneute Steigerung der Lebenserwartung um bis zu 25% möglich. Im Vergleich zum gegenwärtigen Entwicklungsstand insbesondere in Ländern der 3.

---

[41] Quelle: Statistisches Bundesamt, Berlin
[42] Science, 29.9.2000

Welt, bei denen die Lebenserwartung weitaus geringer ist[43], ist dies jedoch eine äußerst problematische Aussage.

Als Hauptursache für diesen sprunghaften Anstieg der Lebenserwartung nennt Hoppe die Fortschritte auf dem Gebiet der Transplantationsmedizin. Diese Fortschritte betreffen nicht nur die verbesserten Methoden, Abwehrreaktionen des Körpers gegen ein Fremdorgan zu verhindern bzw. zu kontrollieren, sondern ergeben sich hauptsächlich aus der erfolgreichen Anwendung von Methoden künstlicher Züchtung der benötigten Organe.

Statistische Angaben beweisen, dass der Bedarf an Organen nicht auf dem Weg der Spenderorgane gedeckt werden kann. So führen D. J. Mooney und A. G. Mikos [44] auf, dass allein in den USA, dem am weitesten entwickeltem Land im medizinischen-technischen Bereich, im Jahre 1997 lediglich 2.300 Spenderherzen für einen Bedarf von rund 40.000 Herzen zur Verfügung standen. Laut den beiden Forschern wird es zwar erst in 10 bis 20 Jahren, eine äußerst ungenaue Zeitangabe, möglich sein, sogenannte *Neoherzen* zu züchten.

Doch erste Fortschritte auf dem Gebiet der artifiziellen Biomaterialzüchtung sind bereits erzielt:

Ein grundlegender Schritt in die Richtung der extern induzierten oder vollzogenen Organsynthese gelang bereits 1972 dem Krebsforscher Judah Folkman an der Kinderklinik der Harvard-Universität in Cambridge: Auf der Suche nach Stoffen, die das Wachstum von Tumoren inhibieren sollten, stieß er auf Angiogeneseinhibitoren und -promotoren[45]. Seine Einsichten

---

[43] In der Gegenwart existieren Unterschiede zwischen verschiedenen Ländern bis zu 44 Lebensjahren: So beträgt die durchschnittliche Lebenserwartung eines Neugeborenen nach den aktuellen Sterbelisten in Sambia 37 Jahre und in Japan 81, nach *World Population Data Sheet 2000*, Population Reference Bureau 2000

[44] Mooney, D.J., u. Mikos, A.G., (1999), *Organe von der Stange,* in: Spektrum der Wissenschaft Spezial 4/1999

[45] Ziel der Untersuchung war tatsächlich, Hemmstoffe zu finden, die die Neubildung von Blutgefäßen verhinderten: Wenn die Neugenese dieser Blutgefäße, die das Innere der Tumore mit Nährstoffen versorgen, vermieden werden könnte, so könnten sich die Krebszellen nicht vermehren. Obwohl es Folkman gelang, Moleküle zu isolieren, die die Angiogenese hemmen und andere, die die Neubildung von Blutgefä-

werden heute dazu verwendet, aktiv die Neubildung von Blutgefäßen zu stimulieren. In Tierversuchen regten injizierte Angiogenese-Promotoren, die aus gentechnischer Produktion gewonnen wurden, das Wachstum neuer Blutgefäße im Herzmuskel an, die als Bypass ein trombosiertes Blutgefäß umgingen. Inwieweit die positiven Resultate der Tierversuche auf menschliche Körper übertragbar sind, bleibt noch aufzuzeigen.

Eine steigende Lebenserwartung verlangt jedoch nach umfassender medizinischer Versorgung. Altersleiden und Krankheiten müssen parallel bekämpft werden, um auch im Alter eine gleichbleibende Lebensqualität zu sichern. Auch aufgrund gesellschaftlicher Faktoren wie der so entstehenden Pflegekosten und dem Bedarf an Pflegekräften, dem bereits heute nicht nachgekommen werden kann, kann der Sinn neuer medizinischer Verfahren nicht in der einseitigen Verlängerung des Lebens liegen.

Biotechnische Methoden werden u.a. entwickelt, um den Menschen so lange wie möglich mobil und selbstständig zu halten und Krankheiten und Behinderungen entgegenzuwirken. Im Folgenden sollen die aktuellen Anwendungsmöglichkeiten bestimmter biomedizinischer Verfahren beschrieben werden.

3.1. Neurochips

Fast sensationell erscheinen bereits erzielte Erfolge in Verbindung mit Neurochips, die motorische Nerven in einer Weise stimulieren können, dass sogar Querschnittsgelähmte mit durchtrenntem Rückenmarksnerv die Mobilität ihrer Beinmuskel zurückerlangen. Im Folgenden soll kurz auf Bau und Funktion der motorischen Einheit eingegangen werden.

Im nicht läsionierten Körper steht das Motoneuron über ein myeliniertes Axon in Kontakt mit dem Muskel und bildet eine chemische Synapse aus, wie sie auch im übrigen Nervensystem Verwendung findet. Bei Lähmun-

---

ßen fördern, erzielte man mit diesen Erkenntnissen keine nennenswerten positiven Resultate innerhalb der Krebsbekämpfung.

gen ist die Funktion dieser neuromuskulären Synapse nicht beeinträchtigt, d.h. das Motoneuron, insofern es selbst genügend aktiviert wurde, ist nach wir vor in der Lage, die Neurotransmitterstoffe in den synaptischen Spalt auszuschütten. Das Problem bei Lähmungen liegt vielmehr im Defizit der Aktivierungsfähigkeit des Motoneurons: Durch die Durchtrennung der entsprechenden Nervenbahnen im Rückenmark bekommt das Motoneuron keine Informationen mehr von den Interneuronen oder sensorischen Neuronen, mit denen es konnektiert. Folglich erhält das für die Weiterleitung des Bewegungsimpulses zuständige Motoneuron keine Information, also elektrische Stimulation.

So kann es zu keinem elektrischen Impuls kommen, der in der Lage wäre, ein Aktionspotential auszulösen und schließlich über die Ausschüttung des Neurotransmitters im synaptischen Spalt im Muskel eine Kontraktion zu bewirken[46]. Die Grafik [2] stellt Aufbau und die wichtigsten Elemente einer neuromuskulären Endplatte dar.

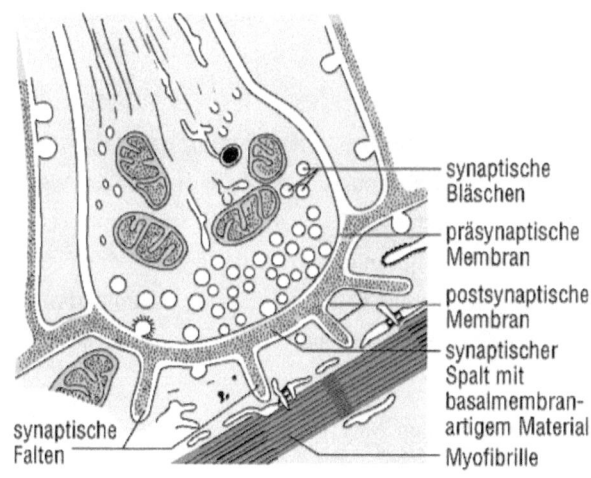

Abb.[2]: Neuromuskuläre Endplatte[47]

---

[46] vgl. Eccles, J.C., *Das Gehirn des Menschen*, 2000, S. 55 ff
[47] aus: http://www.lifeline.de/roche/5/5/4/25.gif

Aufgabe des Neurochips ist es, das Motoneuron elektrisch in einer derartigen Intensität zu reizen, dass es feuert und somit indirekt über die Wirkung seiner daraufhin freigesetzten Botenstoffe (Acetylcholin) dem Muskel den Befehl zur Kontraktion oder Entspannung gibt.

Der jüngst erzielte Erfolg in der Universitätsklinik Montpellier mit dem Querschnittsgelähmten Marc Merger soll die Technik der Neurochipimplantate veranschaulichen[48]: Ein Siliziumchip wird mit den motorischen Nerven, die den Bewegungsablauf beim Gehen steuern, verbunden. Dieser Chip übermittelt die Stromimpulse, die ein Computer in Abhängigkeit der aktiven Softwareprogramme generiert, an die Motoneuronen. Der Patient entscheidet somit bewusst den Handlungsablauf, wobei der Computer den gegebenen Befehl in Steuerimpulse umwandelt und somit die Funktion desjenigen Gehirnareals simuliert, das vor dem Unfall für die Auslösung und Koordination des Bewegungsablaufs "Gehen" zuständig war.

Jede einzelne Muskelkontraktion und -flexion, die nur in Zusammenwirkung zum Bewegungsmuster des Gehens führt, muss genau errechnet werden.

Der aktuelle Forschungsstand kann noch keine sensorischen Rückkoppelungen realisieren, die über die Schaltzentrale Gehirn, genauer den motorischen Kortex, eine Aufeinanderabstimmung der befehlsgebenden und befehlsausführenden Neuronen ermöglichen würden. Insofern müssen die Impulse, die die Muskelbewegung steuern, exakt dosiert sein, denn eine zu harte, fehlgeleitete Bewegung könnte Knochenbrüche und Sehnenrisse verursachen, da der Patient über keinerlei Schmerzempfinden im gelähmten Körperbereich verfügt.[49]

Auch im stationären Pflegebereich wäre ein inkorporierter Chip von Nutzen: Eine durchgehende ärztliche Betreuung und Überwachung durch die

---

[48] Der Spiegel, 19/8.5.2000, S. 160f
[49] Dennoch sind die benötigten Impulse, die die Bewegung durch künstlich provozierte Muskelkontraktion und -flexion auslösen, weitaus stärker, als natürliche Informations- und Signalübertragung auslösen würden. Dies bewirkt eine rasche Erschöpfung der Muskeln des Patienten.

Datenanbindung an Kommunikationssysteme wäre so möglich, ohne dass der Arzt oder Pfleger ununterbrochen bei dem Patienten anwesend ist. Neurochips werden zur Zeit an Instituten wie dem Max Plack Institut in Martinsried[50] und Universitäten wie dem Zentrum für Neurowissenschaften in Zürich[51] erforscht und getestet.

3.2. Ersatzsensorik

Wie bereits erwähnt, ist eine der Schattenseiten der steigenden Lebenserwartung die parallel dazu steigende Wahrscheinlichkeit, Krankheiten und altersbedingte Gebrechen zu entwickeln. Auch jenseits pathologischer Funktionsstörungen und Degenerationssymptome des Zentralen Nervensystems und/oder anderen lebenswichtigen Organen, treten im Alter Abnutzungs- und Ermüdungserscheinungen des Körpers und seiner Organe auf.

Ein Beispiel ist die erwiesene altersbedingte Abnahme der Neuronen im Gehirn: Kortex und subcorticale Strukturen sind hier gleichermaßen betroffen. Im Laufe des normalen Alterungsprozesses vollzieht sich die Degeneration der Nervenzellen jedoch derart schleichend, dass eine Kompensation der verlorenen kognitiven Fähigkeiten meist möglich ist. Neuronen sind nicht wie andere Körperzellen einem ständigen Erneuerungsprozess unterworfen. Bis vor wenigen Jahren ging die Neurologie davon aus, dass sich Neuronen nicht reproduzieren können. Das Konzept der lebenslangen synaptischen Plastizität deutet jedoch in die Richtung der konstanten Neugenese der Neuronen, wobei ausfallenden kognitive Leistungen teil- oder vollständig kompensiert werden können.

Zelltod wird mit zunehmenden Vergiftungserscheinungen und zellulärer Mangelernährung erklärt. Die für den Stoffwechsel verantwortlichen Mitochondrien sterben, im krankhaften Zustand kommt es im Gehirn, z.B. bei Alzheimer, oft zu einer Ansammlung von anormalen Zellfortsätzen, den

---

[50] http://www.biochem.mpg.de/mnphys/general/pub/focus.html
[51] http://www.unipublic.unizh.ch/magazin/umwelt/2000/0033/

sogenannten senilen Plaques oder Amyloidplaques, innerhalb der Nervenzellen bilden sich Knoten aus Neurofilamenten, ebenfalls ist ein Rückgang der Dendriten festzustellen. Hippocampus und limbisches System mit Amygdala sowie der Kortex, insbesondere im temporären medialen Bereich, weisen strukturelle Veränderungen auf. Die genannten Gehirnbereiche gelten als verantwortlich für Aufbau und Konsolidierung des Gedächtnisses, v.a. des Langzeitgedächtnisses. Bis heute ist keine Therapie für die Alzheimer Krankheit gefunden worden. Im Verlauf durchschnittlicher Alterungsprozesse treten jedoch auch immer häufiger Senilitätserscheinungen von Psyche und Physe auf. Insbesondere die Sinnesorgane sind hierbei betroffen.

Aber auch jüngere Menschen und Kinder können, z.B. unfallsbedingt oder durch einen erblichen Defekt, Schädigungen der sensorischen Organe aufweisen. In den USA leiden ca. zehn Millionen Menschen an einer erblichen Erkrankung der Retina, der Retinitis pigmentosa, oder an der alterbedingten Degeneration des gelben Flecks, der Macula lutea, der den Bereich des schärfsten Sehvermögens darstellt[52]. Bei dieser Krankheit, die zur Erblindung führt, sterben die Zapfen, zuständig für das schwarz/weiß Sehen, und die Stäbchen, zuständig für das Farbensehen, ab. Die Nervenzellen jedoch, die die Information in Form von elektrischen Impulsen übermitteln und den Sehnerv bilden, bleiben funktionstüchtig. Die Übertragungsmöglichkeit visueller Impulse auf den visuellen Kortex bleibt also prinzipiell erhalten.

Retinaimplantate, wie sie die Forschergruppe um den amerikanischen Wissenschaftler John L. Wyatt bereits 3 Patienten einsetzte, sind die rudimentären Vorläufer einer Technik, die es zukünftig ermöglichen soll, Blinde wieder sehend zu machen. Die aus vielen Elektroden, die auf einer dünnen Folie haften, gefertigte künstliche Retina soll die Funktion der natürlichen Retina simulieren und sie somit ersetzen. Die Folie besteht aus 3 Schichten: 12 Photodioden bilden einen dünnen Layer, eine weitere Schicht ist ein Streifen, auf dem Elektroden sitzen, die die Retinazellen anfeuern sollen,

---

[52] vgl.: Brown, K.S., *Ersatzsensorik für Blinde und Taube*, Spektrum der Wissenschaft Spezial 4/1999

und schließlich einem Stimulatorchip, der die Aufgabe hat, die Elektroden anzusteuern.

Die visuelle Information, die der Patient empfängt, wird mittels einer Kamera, die in eine Spezialbrille integriert ist, aufgenommen und in elektrische Impulse umgewandelt. Diese Impulse werden durch einen Laser an die Photodioden der künstlichen Retina übermittelt, wobei die Ganglienzellen der Retina aktiviert werden und feuern. Diese elektrischen Potentiale werden an das Gehirn weitergegeben und in dem visuellen Kortex zu Sinneseindrücken, zu Bildern, integriert.

Die Erfolge halten sich noch in Grenzen. Die letzte Probandin berichtete im Frühjahr 1999, ein aus 4 Lichtpunkten bestehendes Muster zu "sehen"; wobei das Muster mit der Elektrodenstimulation auf ihrer künstlichen Netzhaut übereinstimmte. Dennoch sind die bisher erzielten Ergebnisse der Bioinformatik zukunftsweisend. Sie versprechen nicht nur die Beseitigung von motorischen und sensorischen Dysfunktionen, sondern prinzipiell auch die baldige Optimierung lebender Organismen: Ein erweitertes Gedächtnis durch den Einsatz von Speicherchips, verbesserte Reizempfindlichkeit und direkte interindividuelle Datenübertragung liegen dann im Bereich des technisch Realisierbaren.

3.3. Schnittstellen zwischen Tier und Maschine

Auch in der Bioinformatik sind Tierversuche die Wissensgrundlage für nachfolgende Versuche an Menschen. Da die elektrische Signalübertragung bei den meisten Lebewesen ähnlich funktioniert, lassen sich die Ergebnisse auf alle Organismen, die ein signalgesteuertes Zentrales Nervensystem aufweisen, übertragen.

Im Folgenden sollen einige der bahnbrechenden Experimente der Bioinformatik vorgestellt werden. Die Grundlage hierzu stellen z.B. Neuron-

Transistoren da. Peter Fromherz beschreibt ein derart modernes Verfahren der Kopplung von organischem und anorganischem Material[53].

Eine Siliziumelektrode wird mit einer dünnen Schicht aus isolierendem Siliziumoxid bedeckt, die verhindern soll, dass durch die Schnittstelle Elektrode-Elektrolyt Strom fließt. Auf das Silizium wird eine elektrische Ladung gebracht, so wird eine Komplementärladung im Neuron durch das Siliziumoxid und die Neuronenmembran hindurch bewirkt. In einem weiteren Schritt wird eine elektrische Ladung auf das Neuron gebracht, die eine Komplementärladung im Silizium verursacht.

Dieses Vorgehen ruft ein Aktionspotential im Neuron, unverzichtbare Bedingung für die neuronale Informationsübertragung, und ein verstärktes Signal im Silizium, den sogenannten Source-Drain-Strom, hervor.

Die Symbiose zwischen einer Nervenzelle, in diesem Fall einem Blutegelneuron, und einem Siliziumchip wird provoziert, indem das Neuron auf dem metallfreien Gate eines Feldeffekt-Transistors befestigt wird. Feldeffekt-Transistoren finden bei den sog. MOS-Techniken integrierter Schaltkreise Verwendung: Das Basisprinzip der verschiedenen Methoden ist die Verwendung eines Siliziumbausteins als Grundsubstrat, in das zwei benachbarte Zonen, Source und Drain, eindiffundiert werden. Mittels verschiedener Techniken (z.B. p-Kanal-Metall-Gate mit und ohne Ionen-Implantation, n-Kanal-Silizium-Gate-Prozess) wird ein gezielter Stromfluss zwischen Source und Drain erreicht[54].

Bei dem bionen System Neuron-Chip wurden die Aktionspotentiale durch die Strominjektion durch eine eingestochene Mikroelektrode ausgelöst. Es werden zwei verschiedene Kopplungsarten unterschieden[55]:

---

[53] Fromherz, P., *Funktionelle Kopplungen zwischen Neuronen und Chips*, in: Maar, C., Pöppel, E., Christaller, T. (Hrsg.), *Die Technik auf dem Weg zur Seele*, 1996, S. 272ff

[54] vgl.: Schneider, H.-J., Lexikon der Informatik und Datenverarbeitung, 1991, S. 519

[55] Fromherz, P., *Funktionelle Kopplungen zwischen Neuronen und Chips*, in: Maar, C., Pöppel, E., Christaller, T., (Hrsg.), S. 273

Typ-B-Verbindungen bezeichnen ein System, bei dem die Modulation des Source-Drain-Stroms der umgekehrten intraneuronalen Spannung entspricht, die Spikes des Chips und der Nervenzelle sind somit spiegelverkehrt.

In Typ-A-Verbindungen erfolgt eine abgeschwächte Reaktion in der Source-Drain-Strom-Modulation, die dem negativen Spannungsanstieg im Neuron ähnelt. Mittels dieser Methode wird eine Spannungskopplung zwischen Nervenzelle und Siliziumchip erzielt, die so ein System ausbilden.

3.3.1. Rechnende Blutegel

Eine AFP-Newsgroup-Nachricht vom 17.09.1999 meldete die neuesten Forschungserfolge der US-Universität Georgia Tech: Bei der internationalen Multimediamesse in Montreal präsentierte William Ditto[56] die erzielten Resultate von Versuchen mit Blutegeln. Lebende Neuronen der Blutegel wurden mit Siliziumwavern verbunden und konnten so mit einem traditionellen Computersystem verbunden werden. Die in einem Nährboden am Leben erhaltenen Neuronen wurden durch angelegte Stromspannungen gezielt stimuliert, so dass kontrollierte Interaktionsmuster zwischen den einzelnen Nervenzellen entstanden. So stimuliert, konnten die Neuronen simple Rechenaufgaben wie die Addition von zwei einstelligen Zahlen ausführen.

Diese Verschaltung der Biologie (eines evolutionär niedrigen Lebewesens) und einer klassischen Rechenmaschine ist das erste bekannte lebende Computersystem.

3.3.2. Ratten mit "telepathischen" Fähigkeiten

Die Fachzeitschrift *Nature Neurosciences* stellte in der Juli-Ausgabe von 1999[57] die Forschungsresultate der US-Forschergruppe[58] um John Chapin

---

[56] vgl.: http://www.bme.gatech.edu/faculty/ditto.html
[57] *Nature Neurosciences,* Juli 1999 Volume 2 Nr 7, S. 583f

und Miguel Nicolelis vor: Sie entwickelten ein Steuerungssystem, das die Gehirnströme von Ratten mit einer elektrischen Wasserspende-Einrichtung koppelt. In vorhergehenden Versuchsabläufen wurden die Ratten darauf konditioniert, einen von einem Roboterarm gesteuerten Hebel zu betätigen, um Wasser zu erhalten. Während dieses operanten Konditionierungsprozesses wurden die Gehirnströme der Tiere durch ein EDV-System aufgezeichnet und analysiert. Nach erfolgreichem Training wurde die Verbindung zwischen dem Hebel und dem Wasserspender durchtrennt, so dass das Steuerelement funktionslos wurde. Nun löste der Computer, der weiterhin das EEG der Ratten aufzeichnete, die Wassergabe aus, wenn die Gehirnströme der Ratten mit den zuvor gemessenen übereinstimmten. Die Ratten hielten noch einige wenige Versuchsabläufe an dem gelernten Verhaltensschema des Hebel-Drückens fest, doch dann lernten 4 der 6 Versuchstiere, die Wasserspende nur noch mit ihren Gehirnströmen zu beeinflussen.

3.3.3. Der Fisch-Roboter

Im Juni desselben Jahres gab bereits eine andere Forschergruppe ihre Ergebnisse, die sie als die Geburt eines künstlichen Tieres bezeichneten, in der Juniausgabe des britischen Wissenschaftsmagazins New Scientist[59] bekannt: Der Gruppe um Ferdinando Mussa-Ivaldi von der Northwestern University of Chicago gelang es, einen Roboter mit zerebralen Nerven eines Fisches zu verbinden und so zu steuern. Sie entnahmen dem aalförmigen Meerneunauge Petromyzon marinus die Medula oblongada, den Hirnstamm, sowie Teile des Rückenmarks. Dieses organische Material wurde mit einem lichtempfindlichen Roboter verbunden. Dieses Konstrukt aus künstlichen Kamera-Augen, Sensorik des Fisches und Motorik des Roboters reagierte auf Lichteinfall mit den artspezifischen Verhaltensweisen des

---

[58] http://www.nature.com/cgitaf/DynaPage.taf?file= /neuro/journal/v2/n7/full/nn0799_58 3.html

[59] New Scientist, Nr. 2242, S. 5

Fisches wie dem Ausführen von Kreisbewegungen und dem Folgen der Lichtquelle.

3.4. Identifikation und Kommunikation durch Neurochips

Trotz dieser revolutionär anmutenden Erfolge in Tierversuchen wird es lange Zeit dauern, bis diese Art der Technologien zur bioinformatischen Optimierung eines Organismus auch in standardisierten Verfahren bei Menschen eingesetzt werden. Zum einen wird es einen beträchtlichen Zeitaufwand erfordern, die operativen Techniken derart zuverlässig und effektiv zu machen, dass sich ein gesunder Mensch nicht mehr unter Risiko des Verlustes (über-)lebenswichtiger Funktionen und Kapazitäten dieser OP unterziehen müsste, zum anderen werden diese teuren und aufwendigen Verfahren (zunächst) einer privilegierten und finanzkräftigen Bevölkerungsschicht vorbehalten bleiben.

Über den Einsatz in Medizin und Forschung hinaus sind Techniken der Bioinformatik jedoch in verschiedenen Lebensbereichen anwendbar. Menschen stehen in kontinuierlicher Interaktion untereinander und mit ihrer Umwelt. In diesem Interaktions- und Kommunikationsprozess wird auf technische Hilfsmittel zurückgegriffen, die jedoch noch auf einen einzelnen Dienst spezialisiert sind. Beispiele für alltägliche elektronische Gebrauchsgegenstände sind Chipkarten (EC-Karten, Stempelkarten). Diese Chipkarten dienen hauptsächlich der Identifikation des Besitzers.

Intraorganistisch implantierte und generalisierte[60] Chips sind eine vielversprechende Alternative, die Daten einer Person abzurufen und zu speichern. Sie vereinen die Vorteile eines codegesteuerten Identifizierungssystems mit biologischen/physischen Erkennungsmethoden[61].

---

[60] "Generalisiert" meint hier, dass ein Chip die Identifizierungsaufgaben mehrerer Chipkarten erfüllen könnte. Dies wäre auch extraorganistisch durch eine Generalchipkarte lösbar, doch würden sich damit bedeutende Sicherheitsprobleme ergeben.
[61] vgl. 6.2

Über den Bereich der Identitätserfassung hinaus bieten inkorporierte Chips auch die Möglichkeit, in konstanten Datenaustausch mit Informations- und Kommunikationssystemen wie Internet oder Intranets zu stehen. Dies würde eine sinngemäße Approximation von Technik und User bedeuten. Insbesondere der nicht erfahrene Benutzer verzichtet oft aufgrund der komplizierten und nicht intuitiven Bedienung der Geräte auf neue Technologien.

3.4.1. Warwicks Transponder

Der Forscher Kevin Warwick, der das Kybernetik-Labor der britischen Universität Reading leitet, unterzog sich einem Selbsttest mit einem implantierten Chip[62]. Warwick beschreibt, wie er sich durch den implantierten Chip in ununterbrochenen Kontakt mit den elektronischen Systemen im Labor befand: Die Automatik der Eingangstüre wurde betätigt, ohne dass er eine externe Chipkarte benötigte, er konnte seinen Computer derart programmieren, dass bei seinem Eintreten das Email-Programm des Computers aktiviert wurde und ihm anschließend seine Emails vorgelesen wurden, etc.

Warwick beschreibt die Beziehung, die er zu seinem Computer entwickelte, als persönliche Bindung:

> "Ich bin mir der Beschränkungen des menschlichen Körpers schmerzlich bewusst. Insbesondere, wenn ich vergleiche, wie Maschinen die Welt wahrnehmen können und wozu Computer fähig sind. [...] nach einiger Zeit entwickelte ich eine Art Beziehung zu meinem Rechner. [...] Ich war traurig, als diese Verbindung abriss, als das Implantat wieder entfernt wurde. [...] Ich glaube, wenn man so eine Verbindung zum Rechner hat, verändern sich die persönlichen Wertmaßstäbe: Was gut für den Computer ist, ist dann auch gut für mich. Natürlich bin ich dann noch ein Mensch, aber ich werde eine Cyborg-Ethik entwickeln."[63]

Hier stellt sich die Frage, inwieweit eine Person, die nicht von den gleichen wissenschaftlichen Ambitionen bewegt ist, ähnliche Empfindungen in Be-

---

[62] Der Spiegel, 19/8.5.2000, S. 152ff
[63] idem, S. 154f

zug auf die persönliche Verbindung zu einem Computersystem entwickeln würde. Hier könnte es sich um ein mit der sog. "Internetsucht" vergleichbares Phänomen der psychischen Abhängigkeit zu einem elektronischen System handeln. Dies würde bedeuten, dass die Identifizierung Warwicks mit seinem PC psychisch und nicht physisch durch den implantierten Chip ausgelöst ist.

Weitere Pläne des passionierten Forschers sind, die Nerven seines Arms mit einem Computer zu verbinden, um die Signale auszutauschen. Es handelt sich hierbei um sensorische und motorische Nerven, d.h. es werden sowohl die efferenten, Muskel steuernden Nervenzellen als auch die afferenten, Information zum Gehirn übertragenden Nerven des Arms mit der Rechenmaschine verbunden, mit dem Ziel, die Signale, die bei Bewegung entstehen, aufzuzeichnen, um sie im Folgenden wieder zum Gehirn zurückzusenden. Überprüft werden soll so, wie und ob die ursprüngliche Bewegung reproduziert wird und in welcher Form das Gehirn die Signale interpretiert. Auf ähnliche Weise sollen auch Emotionen durch ihre physische Grundlage mit elektronischen Systemen rückgekoppelt werden.

Beachtenswert sind die geplanten Experimente Warwicks, sein Gehirn mit Signalen von Ultraschallsensoren zu speisen. Da jedoch Signale im Prinzip bestimmte Aktivitätsmuster in Form von Aktionspotentialen sind, die sich nur durch den Entstehungs- und Verarbeitungsort unterscheiden, sowie durch die Art der Neuronen, mit denen sie kontaktieren, ist die entscheidende Frage zum aktuellen Forschungszustand nicht, welche Art von Empfindung Warwicks Gehirn erzeugen wird, denn dies wird in Abhängigkeit der Art der stimulierten sensorischen Neuronen geschehen, d.h.: ein Schmerzrezeptor wird Schmerzsignale übermitteln, auch wenn er mit Ultraschallreizen stimuliert wurde. Die Stimulation als solche ist wichtig, denn wenn ein bestimmter Reiz gleich welcher Art stark genug ist, den Schwellwert zu überschreiten und somit ein Aktionspotential auszulösen, ist die Beschaffenheit des Stimulus irrelevant: die Empfindung wird in Abhängigkeit des Reizmusters und des Orts der Informationsverarbeitung im Gehirn erfolgen.

Es ist also kaum zu erwarten, dass Warwick, wie er hofft, "ein Kribbeln an der Nasenspitze"[64] spüren wird, weil die Beschaffenheit der Signale, die von dem Ultraschallsensor stammen, auch als eben solche erkannt wären und Warwick somit "plötzlich" über ein erweitertes Wahrnehmungsspektrum einer Fledermaus oder eines Delfins verfügen würde, sondern weil vielmehr die Signale, die vom Ultraschallsensor stammen, entweder Barorezeptoren reizten oder im Gehirn durch die spezifischen Leitbahnen als Druckreiz interpretiert würden[65].

Des weiteren besteht bei derartigen Versuchen, die eine objektive Stimulation mit subjektiven Kriterien messen, z.B. ob und welche Art der Empfindung ausgelöst wurde, die Gefahr, dass es sich bei einer möglichen Empfindungswahrnehmung um einen Placeboeffekt handelt, dass also keine objektiv messbare Reaktion auftrat, sondern vielmehr das Wunschdenken des daran beteiligten Forschers eine derartige Empfindung *fingierte*. Dennoch sind die Experimente von wissenschaftlicher Relevanz, insbesondere deswegen, weil sie Aufschluss über die bisher wenig untersuchten sensorischen Nervenbahnen geben.

Doch Technologien, die ursprünglich zur Identifikation von Individuen entworfen wurden, sind stets auch zu Überwachung und Kontrolle geeignet bzw. missbrauchbar. Eindrucksvoll beschreibt der Forscher, wie sich vor allem Firmen, die ihre Mitarbeiter überwachen wollten, bei ihm über die Möglichkeit derartiger implantierter Chips, die sogenannten Transponder, informierten, als sein Selbstversuch publik wurde[66].

3.4.2. "Telepathische" Computer

Die Möglichkeiten der Bioinformatik umfassen jedoch nicht nur die Beeinflussung und Steuerung motorischer Funktionen des Organismus. Auch kognitive Leistungen wie sprachliches Denken können mit elektronischen Systemen gekoppelt werden. Dies kann insbesondere für Individuen, die unter

---

[64] idem, S. 156
[65] vgl. zum Thema der Reizübertragung: Pinel, J.P., *Biopsychologie,* 1997, S. 83ff
[66] Der Spiegel, 19/8.5.2000, S. 152ff

unter vollständigen oder weitreichenden Lähmungen leiden, eine neue, oft die einzige Interaktionsmöglichkeit mit ihrer Umwelt darstellen:

> "An der Universität Tottori nahe Osaka (Japan) können Forscher aus den EEG-Signalen das Wort herauslesen, an das die Person denkt. Das Projekt zielt vor allem darauf, Patienten mit amyotropher Lateralsklerose, einer degenerativen Erkrankung des Nervensystems, die Kommunikationsfähigkeit wiederzugeben. Das Computersystem 'liest die Gedanken' des Menschen [...]"[67]

Das zugrundeliegende Prinzip ist der Vergleich des gegenwärtigen zerebralen Aktivitätsmusters mit zuvor beobachteten Mustern, die zusammen mit den mit ihnen korrespondierenden Wörtern in einer Datenbank gespeichert sind. Wie das Forscherteam berichtet, wird auf diese Weise eine Trefferquote von 80 Prozent erreicht[68]. Dieses Verfahren wurde in dem beschriebenen Experiment mittels handelsüblicher Standard-EEG-Messgeräte durchgeführt.

Eine Alternative dazu ist, mittels neuronaler Chips direkt den Kortex mit einem Computersystem zu verbinden.

Dieser Prozess der "telepathischen" Verbindung zwischen Gehirn und Computer kann auch umgekehrt erfolgen: Insbesondere bei querschnittsgelähmten Patienten ist vorstellbar, dass ihre Hirnströme direkt im Gehirn mit sich unter der Schädeldecke und im physischen Kontakt mit den Neuronen befindlichen Siliziumchips abgenommen werden, um mit diesen Hirnströmen das Endgerät, wie einen Computer, zu bedienen. Hier wird nicht ein spezifisches Muster der Gehirnaktivität als ein bestimmtes Signal, z.B. ein Buchstabe, interpretiert, sondern die so vorbereiteten Patienten müssen in einem relativ zeitaufwendigen Bio-Feedback-Verfahren selbstständig erlernen, wie sie ihre Gehirnströme derart kontrollieren und beeinflussen können, um damit erfolgreich elektrische Befehle z.B. in Form von Cursorsteuerungen erteilen zu können.

---

[67] Spektrum der Wissenschaft Spezial: *Der High-Tech-Körper*, 4/1999, S. 45
[68] idem, S. 46

Eine Schnittstelle zwischen Gehirn und Maschine, die es einer Person, die sonst durch eine Lähmung mitteilungsunfähig wäre, erlaubt, wieder in Kontakt zu ihrer Umwelt zu treten, kann als neurokompatibles Interface über den medizinischen Einsatz hinaus weitreichende Konsequenzen mit sich bringen: Ein reziproker Datenfluss würde es erlauben, durch die Aktivierung eines bestimmten Gehirnmusters im Probanden von extern Information in sein Gehirn zu bringen. Diesen Datenfluss von einer Maschine ins Gehirn lässt sich z.B. über eine neurokompatible Schnittstelle in der Sehrinde, wie sie die Forschergruppe um Richard Normann an der Universität von Utah für den Einsatz bei blinden Menschen entwarfen, erreichen. Doch wie G.C. Maguire, Forscher an der schwedischen Königlichen Technischen Hochschule in Stockholm feststellt[69], wird ein solches neurokompatibles Gerät nicht nur in die Sehrinde eingesetzt werden können. Über eine derartige Schnittstelle könnten schließlich auch neben visuellen Reizen ebenso Geräusche oder Düfte vermittelt werden. Maguire sieht das Anwendungsspektrum derartiger bio-medizinischer Techniken nicht nur im Bereich des Ersatzes von verloren gegangenen Fähigkeiten, sondern als Erweiterungsmöglichkeit vorhandener Kapazitäten. Er setzt die Zeit bis zum allgemein gebräuchlichen Verwendung von Computern mit einer Hirn-Schnittstelle auf 20 bis 30 Jahre von heute aus gezählt an, nachdem die ersten Nutzer dieser Kortex-kompatiblen Computer wohl Behinderte, Gelähmte oder Blinde sein werden[70].

Zeitliche Prognosen sind jedoch meist sehr gewagt. Mit bedingt durch den bereits beschriebenen Syntopie-Charakter und die damit einhergehende Polifunktionalität der Bioinformatik kann kaum mehr als eine rudimentäre Einschätzung der tendenziellen Entwicklung aufgezeigt werden. Somit liegt es nicht im Sinn dieser Arbeit, zeitliche Prognosen für die Weiterentwicklung and Anwendung bioinformatischer oder technischer Verfahren im Allgemeinen aufzustellen.

---

[69] idem, S. 47
[70] idem, S. 47

Darüber hinaus stellt die Cyborgisierung des menschlichen Organismus nur eine Seite einer progressiven Technologisierung unseres Lebensraums dar. Parallel dazu werden Möglichkeiten entwickelt, die Dinge, die Gebrauchsgegenstände, den Benutzern anzunähern. Die "Revolutionen", die sich zuerst im Alltag bemerkbar machen werden, betreffen nicht die direkte (und nicht risikolose) Manipulation des Körpers in einem Umstrukturierungsprozess hin zum Cyborg, sondern die der Anwendungsgegenstände.

4. Die Annäherung von Mensch und Maschine

> *"Der Spaten ist eine verlängerte Vogelkralle, das Flugzeug ein verlängerter Vogelflügel, das Auto verlängert die Sprintleistung des Geparden. Der Panzer optimiert das Panzernashorn und das Telefon reicht weiter als das Gebrüll des Löwen."*
> Hans-Dieter Mutschler[71]

Die Objekte, mit denen wir im Alltagsleben umgehen, zeichnen sich durch einen hohen Spezialisierungsgrad aus: Schuhe dienen uns als Bekleidung der Füße, Papier dient der Informationsübermittlung, Autos dienen der Fortbewegung. Maschinen und elektronische Geräte sind oft noch so kompliziert, dass der Umgang mit ihnen erst mühsam erlernt werden muss. Welche Möglichkeiten bestehen, den Umgang mit Gebrauchsgegenständen anwenderfreundlicher und effektiver zu gestalten?

Insbesondere die Robotik sowie die KI- und KL-Wissenschaft beschäftigen sich mit Möglichkeiten der Annäherungen der Geräte an den Benutzer. Ziele hierbei sind z.B., Menschen unangenehme Arbeit zu erleichtern oder ganz abzunehmen, den Umgang mit Maschinen intuitiver und somit benutzerfreundlicher zu gestalten, das Expertentum der Maschinen auf generalisierte Anwendungsmöglichkeiten auszudehnen und durch nicht spezialisierte und somit polifunktionale Objekte wertvolle Ressourcen zu schonen.

---

[71] Mutschler, H.-D., *Die Gottmaschine,* 1998, S. 10

4.1. Die Digitalisierung der Gebrauchsgegenstände

Neil Gershenfelds Erklärung der Dingrechte[72] stellt den zugrundeliegenden Anspruch auf einen ausgedehnteren Anwendungsraum alltäglicher Gegenstände auf heitere Art dar:

> "Dinge haben ein Recht, eine Identität zu bekommen, Zugang zu anderen Objekten zu haben, der Natur ihrer Umgebung gewahr zu werden"[73]

In Anlehnung an die Menschenrechte weist Gershenfeld den Dingen somit eigenständige Rechte zu. Inwieweit dies gerechtfertigt bzw. nötig ist, ist diskutabel. Hier soll die Anwenderperspektive in den Vordergrund gestellt werden: Gebrauchsgegenstände sollen den tatsächlichen menschlichen Bedürfnissen angepasst und zweckorientiert gestaltet werden[74].

Die Benutzerrechte gegenüber den Dingen, die Gershenfeld formuliert, legen eindeutig das Machtverhältnis zwischen dem Anwender und den Gegenständen fest:

> "Sie (der menschliche Benutzer, A. d. A..) haben ein Recht darauf, Informationen zu erhalten, wenn sie benötigt werden, wo es zuträglich ist und in der Form, in der sie am praktikabelsten zu verwerten sind; gegen die Verbreitung und den Empfang von Nachrichten, die Sie nicht haben möchten, geschützt zu werden; Technologie benutzen zu dürfen, ohne sich ihren Zwängen zu unterwerfen."[75]

Gershenfeld weist Information[76] und dem Prozess der Datenübermittlung besondere Relevanz zu. Dies ist sicherlich in einer technologisierten Gesellschaft angebracht. Die Art des Informationsaustausches an sich muss

---

[72] Gershenfeld, N., *Wenn die Dinge denken lernen*, 1999, S. 117
[73] idem, S. 119
[74] Diese Adaptabilität der uns umgebenden Utensilien an ihre Umwelt, d.h. eine Steigerung ihrer Funktionalität und Benutzerfreundlichkeit, ist die Komplementärseite zu Warwicks implantierten Neurochips: Warwick geht den Weg der Anpassung des Organismus an eine digitalisierte Welt, Gershenfeld modifiziert und optimiert das Interface Mensch-Maschine dadurch, dass er "die Dinge denken lehrt".
[75] Gershenfeld, S. 117
[76] im Sinne der Bereitstellung von Wissen

jedoch auch auf eine Art automatisiert ablaufen, dass der Mensch nicht wiederum in einem Technikdschungel komplizierter Gerätschaften, deren Bedienung viel Übung und Kenntnis erfordern, gefangen ist. Bedienung und Anwendung wie der ding-interne Arbeitsablauf an sich muss unbemerkt vom Benutzer vonstatten gehen können, der so mit einem intuitiven Technikverständnis in der Lage ist, sie adäquat anzuwenden.

Ein bedeutender Schritt in Richtung eines konstanten und unmittelbaren Informationsaustausches ist das Konzept des Personal Area Network, PAN[77]. Dieses Netz gleicht in Morphologie und Funktion dem Internet, mit dem Unterschied, dass es nicht Computer sind, die miteinander über Telefonleitungen in Kontakt treten. Es sind die Personen, die über in ihre Kleidung und Accessoires integrierte Sender in ununterbrochenem Datenaustausch mit ihren Mitmenschen stehen. Bei großen Firmen wie Bluetooth[78] befinden sich bereits derartige PANs in der Testphase.

Eine verwandte Idee, an deren Realisierung momentan große Firmen wie Siemens und Intel[79] etc. arbeiten ist ein Netzwerk, das alle Geräte eines Haushalts miteinander kommunizieren lässt. Auf diese Weise könnten unterschiedliche Maschinen wie z.B. Kaffeemaschine, Waschmaschine und Fernseher über ein einzelnes, portables Gerät, z.B. auch über das Internet, ferngesteuert werden. Diese Konvergenz der Medien erlaubt jedoch auch, dass z.B. Industriemaschinen über ein Netzwerk ferngewartet und gesteuert werden. Dies kann eine Verlagerung des Arbeitsplatzes von dem Produktionsort an "Kommandozentralen" bewirken.

Andere Beispiele "intelligenter" Geräte sind z.B. das "3-fach"-Telefon[80], das je nach Lokalität als Mobiltelefon, als Festnetzanschluss oder als Walkie-Talkie funktioniert. Auch ein Auto, das in fortlaufender Verbindung mit dem Internet steht und somit z.B. ständig über aktuelle Verkehrsinformationen verfügt, was eine Steuerung durch ein fernsteuerndes System

---

[77] Gershenfeld, S. 64
[78] vgl.: http://www.bluetooth.com
[79] http://www.siemens.de, http://www.intel.com
[80] von Bluetooth, http://www.bluetooth.com/bluetoothguide/models/two_in_one.asp

bzw. einem Autopilot erleichtert, befindet sich im Entwicklungsprozess großer Automobilhersteller.

Das Konzept läuft darauf hinaus, dass elektronische Komponenten, die kontinuierlichen Datenaustausch ermöglichen, am Körper mitgetragen werden oder an vielen Standorten zur Verfügung stehen.

Diese Vorstellung der Hardware als Haute Couture umfasst ebenso ökologische Aspekte, die m.E. ebenfalls eine moderne Anwendungs-Politik definieren. Gershenfelds digitalisiertes Buch weist neben den realen pragmatischen Vorteilen, die Bücher aus dem klassischen Wertstoff Papier als solide, unkomplizierte Gebrauchsgegenstände besitzen, grundlegende ökologische Vorteile auf: Intelligentes Mehrfachpapier[81], das durch eine spezielle Methode der Mikroverkapselung erlaubt, dass ein entsprechender Drucker die Farbpartikel ein- oder ausschließt, vermeidet die übermäßige Abholzung der Wälder.

Im Gegensatz zu Neil Postman, der nur dann im Zeitalter der Hightech eine reelle Überlebenschance für die an Bedeutung verlierenden traditionellen Printmedien sieht, wenn Verleger und Verlage aktiv in Bildung und Erziehung, vor allem in Bezug auf die Lese- und Schreibfähigkeit der Bevölkerung, investieren[82], geht Gershenfeld davon aus, dass elektronische Bücher die Nachteile sowohl der klassischen Printmedien wie auch der modernen elektronischen Dateien umgehen und die technischen Vorteile der kontrahierenden Medien vereinen[83].

Immer mehr weichen statische Beziehungsverhältnisse zwischen Mensch und Objekt einem multimedialem, dynamischen Interface, das den Umgang der Menschen mit technischen und elektronischen Geräten neu definiert.

---

[81] Gershenfeld, S. 27ff

[82] Postman, N., *Die Bedrohung des Lesens durch die elektronischen Medien*, in: Franzmann, B., Fröhlich, W.D., Hoffmann, H., Spörri, B. u. Zitzlsperger, R. (Hrsg), *Auf den Schultern von Gutenberg,* 1995, S. 220ff

[83] Gershenfeld, S. 31

4.2. Roboter

An dieser Stelle muss auch die Robotik erwähnt werden, da ihre Erkenntnisse in vielerlei Hinsicht auf die Cyborg-Wissenschaft einwirken. Hierbei ist zu beachten, dass die Diskussion um die Bedeutung der Robotik zwei unterschiedliche Aspekte umfasst:

- Zum einen stehen Cyborg-Technik und Robotik durch ihre materiellen Träger, also künstliche Systeme, in Verbindung. Der Robotik und der Cyborg-Technik sehen sich ähnlichen technischen Schwierigkeiten gegenüber: Wie kann z.b. die komplizierte und unbewusste Muskelkoordination des Menschen auch bei scheinbar einfachen Bewegungen wie z.b. dem Ergreifen eines Glases nachgestellt werden? Besonders die menschliche Feinmotorik ist aufgrund der komplexen Bewegungsabläufe schwer nachzuahmen. Roboter, die z.B. in der Lage sind, ein Glas zu ergreifen, ohne es zu zerbrechen, liefern der Cyborg-Wissenschaft wichtige Erkenntnisse in den feinmotorischen Ablauf und die Muskelkoordination der menschlichen Greifbewegung, die zur Konstruktion von Neuroprothesen vonnöten sind.

- Zum anderen wird v.a. in der KL-Forschung versucht, auch psychische Funktionen wie Emotionen in künstlichen Organismen zu simulieren. Erfolge, die die Robotik zu verbuchen hat, ermöglichen so neue Einblicke in die (physische und psychische) Funktionsweise des menschlichen Organismus.

Die Faszination, die Roboter auf "Normalbürger" ausüben, ist wohl die Vorstellung der progressiven und vollständigen Ersetzung des menschlichen Körpers durch künstliche Einheiten, die Entwicklung des Menschen zur Maschine. Hierbei wird oft nicht zwischen Robotik und Cyborg-Wissenschaft unterschieden. Jedoch, auch wenn Robotikentwicklung und Cyborgisierung parallel verlaufen, muss zwischen beiden Fachgebieten differenziert werden: *Roboter* im wissenschaftlichen Sprachgebrauch meint ein "Gerät, welches durch mechanische Vorrichtungen und eine geeignete

Steuereinheit selbsttätig komplexe Aufgaben verrichten kann."[84] Ein Roboter ist folglich eine Maschine ohne biologische Anteile.

Wie bereits unter Punkt 2 festgehalten wurde, charakterisieren sich Cyborgs durch die Integration anorganischer Elemente in ihren Organismus: Cyborgs sind mithin eine Symbiose zwischen einem künstlichen und biologischen System, wobei der prozentuale Anteil der anorganischen Elemente nicht statisch definiert ist.

4.2.1. Etymologie und Geschichte

Der begriffliche Ursprung des Roboters ist in der Literatur zu finden:

"Roboter" ist dem tschechischen Wort "robota" entlehnt, das soviel bedeutet wie "Fronarbeit" oder "Knechtschaft" und wurde im Jahre 1921 von dem tschechischen Schriftsteller Karel Čapek in seinem Theaterstück "W.U.R. – Werstands Universal Robots" ins Leben gerufen.

Während Čapek Roboter als Maschinenarbeiter, die an Stelle des Menschen schwere und lästige Arbeit verrichten, definiert, beschreibt andere Sciencefiction-Literatur sie nach psychologischen Eigenschaften: Als künstliche Lebewesen, von Menschen erschaffen, sind sie ihrem Besitzer treue Gefährten und Diener oder, im anderen Extrem, trachten danach, ihren "Schöpfer" zu entthronen. Populäre Beispiele für "gefährliche" Kunstwesen sind hier z.B. Bierces Schachspieler, der seinen Meister schließlich im Zorn über ein verlorenes Spiel tötet[85]. Doch auch als ergiebige Untertanen des Menschen wurden Roboter bereits in der Antike beschrieben: So spricht die Ilias bereits von künstlichen Dienern des Hephaistos.

Die Literatur beschrieb Maschinenwesen stets ambivalent: Die Visionen und Zukunftsentwürfe von Mensch-Maschine-Interaktionen symbolisieren meist einen Konkurrenzkampf zwischen diesen beiden unterschiedlichen Lebensformen, der darauf hinaus läuft, dass eine Spezies, Mensch oder Maschine, unterworfen wird, um dem anderen zu dienen. Diese Horrorsze-

---

[84] Schneider, S. 682
[85] http://www.sff.net/people/DoyleMasdonald/1_moxon.htm

narien einer von Maschinenwesen unterdrückten Menschheit wird heute sogar von KI- und KL-Forschern á la Moravec und Kurzweil aufgegriffen[86] und in populär-wissenschaftlichen Büchern anschaulich dargestellt. Die Beziehung zwischen Mensch und Maschine ist durch jene vergangenen und aktuellen (literarischen) Horror-Darstellungen negativ vorbelastet. So ist es wichtig zu betonen, dass Roboter prinzipiell als Arbeitsgeräte, als Werkzeuge, konstruiert wurden, und nicht, um den Menschen die Vorherrschaft über die Welt streitig zu machen.

Ihren Anfang nahm die Robotik in der Konstruktion von Maschinen, die den Menschen in der Ausführung gefährlicher, schwieriger, unangenehmer oder monotoner Arbeit unterstützen oder ablösen sollten. Der erste Industrieroboter wurde 1961 erstmals in einer Fabrik von General Motors in New Jersey in Betrieb genommen. Dieser Roboter mit Namen Unimate hatte die Aufgabe, schwere Spritzgussteile zu bewegen[87].

4.2.2. Aktuelle Robotertypen

Heute existieren unterschiedliche Robotertypen, die in unterschiedlicher Ausprägung die Vorstellung einer intelligenten, selbsttätigen Maschine verwirklichen. Die am weitesten verbreiteten Industrieroboter sind programmgesteuerte Arbeitsgeräte, die nicht zu autonomen, programmunabhängigen Entscheidungen in der Lage sind. Alleine in Deutschland gibt es derzeit ca. 81.200 Industrieroboter, womit Deutschland international gesehen den 3. Rang der industriellen Automatisierung innehat: Nur Japan mit 402.200 und USA mit 92.900 Stück liegen der Stückzahl nach vor Deutschland[88]. Somit ist eine Steigerung der weltweit in der Industrie tätigen Roboter um 15 % im Vergleich zum Vorjahr zu verzeichnen[89].

Industrieroboter sind Kraftmaschinen, die zwar mit zahlreichen Notschaltern, Betriebssperren und Sicherheitsvorrichtungen ausgestattet sind, die

---

[86] s. Punkt 4.6
[87] Randow, G., Roboter: unsere nächsten Verwandten, 1997, S. 10
[88] dpa, 16-10-2000, nach einem Bericht der UN-Wirtschaftskommission für Europa
[89] idem

aber (wie jede Maschine) bei falschem Umgang durchaus einen Menschen gefährden können. Zum gegenwärtigen Zeitpunkt ist jedoch insbesondere bei Industrierobotern kein Programmierungsstandard vorhanden[90], so dass jeder Roboter eine unterschiedliche Bedienung erfordert. Dies erhöht die Risikofaktoren eines unsachgemäßen Umgangs und somit die Verletzungsgefahr der Personen, die sich in ihrem Arbeitsbereich aufhalten.

Die Robotik außerhalb der Industrie durchläuft eine andere Entwicklung und verfolgt andere Ziele: Diese Maschinen werden v.a. nach dem Kriterium der Menschenähnlichkeit in Morphologie und Funktion entworfen. Roboter, wie sie von Maja Mataric entworfen wurden, sind bereits in der Lage, mit anderen Robotern zu interagieren und in sog. Nerd Herds[91] zusammenzuleben[92]. Diese Sozialisationsfähigkeit macht diese lernfähigen Roboter vor allem für die Psychologie interessant, um diese Ergebnisse mit der individuellen Sozialentwicklung zu kontrastieren.

In Bereichen, in denen ein Roboter mit Menschen interagieren muss, z.B. als Service- oder Krankenpflegeroboter, wird auch aus psychologischen und aus Marketing-Gründen Wert auf Bedienerfreundlichkeit und Menschenähnlichkeit gelegt: Hier geht man davon aus, dass humanoide Roboter eher als "Ansprechpartner" und als Ersatz für menschlichen Kontakt akzeptiert werden. Bereits heute gibt es (wohl v.a. durch das nicht stimmige Verhältnis zwischen Arbeitsanforderung und Bezahlung) zu wenig menschliche Arbeitskräfte im Bereich der Kranken- und Altenpflege. So müssen Alternativen zu menschlichem Pflegepersonal gefunden werde, da durch die zunehmende Überalterung der Gesellschaft immer mehr alte Personen auf Hilfe angewiesen sind. Hier wird nun versucht, Roboter in Form und Funk-

---

[90] Randow, S. 301f
[91] Im Computerjargon bezeichnet das Wort *nerd* einen kontaktunfähigen bzw. – scheuen Menschen, der Sozialbeziehungen nur mit unbelebten Objekten eingeht. In Verbindung mit dem Wort *herd,* Herde, ist diese Bezeichnung für sozialfähige Maschinen ironisch zu sehen.
[92] Mataric, M.J., From local Interactions to Collective Intelligence, in: Conference on Integration of Elementary Functions into Complex Behaviour, 1994, S. 65 ff

tion "liebenswürdiger" zu machen, also menschenähnlicher, um sie verstärkt im ambulanten und stationären Pflegedienst einsetzen zu können.

Je weiter Maschinen in den Arbeits- und Lebensbereich der Menschen eindringen und je ähnlicher sich Roboter und Menschen in Gestalt und Funktion werden, umso mehr psychische Eigenschaften werden ihnen vom Laien (und vielleicht auch vom Wissenschaftler) zugeschrieben.

So wird Robotern eine Handlungsintention im Umgang mit Menschen unterstellt. Der Robotiker John Kreifeldt beschreibt diesen Aberglauben im industriellen Arbeitsfeld. Auf ironische Art bestätigt er diese fälschliche Absichtsunterstellung mit seinen Verhaltensregeln, die, als realer und ernsthafter Hintergrund, zum Schutz vor Unfällen bei Wartung und sonstigem physischen Kontakt dienen:

- Drehe niemals einem Roboter den Rücken zu.
- Wenn du dich einem Roboter näherst, schalte ihn aus, bevor er dich ausschaltet[93].

Unfälle sind oft durch Fehlsteuerungen, Versagen der Software und durch falsche Bedienung der Maschinen, verursacht. In der Sciencefiction werden derartige Fehlfunktionen oft als Kausalfaktor zur spontanen Entstehung von Emotionen bei Robotern beschrieben.

Isaac Asimovs Gesetze sind wohl das bekannteste Beispiel aus der Literatur zum Versuch, gefühlsbegabte Roboter unter menschlicher Kontrolle zu halten:

- Kein Roboter darf ein menschliches Wesen verletzen und auch nicht durch Untätigkeit zulassen, dass ein menschliches Wesen verletzt wird.
- Ein Roboter muss den Befehlen, die von Menschen gegeben werden, gehorchen, es sei denn, sie kämen mit dem 1. Gesetz in Konflikt.
- Ein Roboter muss sich selbst und seine Existenz schützen, solange er deswegen nicht eines der beiden ersten Gesetze missachten muss[94].

---

[93] Randow, S. 300

Obwohl diese Gesetze aus der Sciencefiction stammen, können sie eine gedankliche Grundlage für Programmierungsregeln von Industrieroboter bilden: Asimovs Regeln setzen konstantes Überwachen, mithin eine kontinuierliche Sicherheitsroutine im Programm des Roboters voraus. Eine dieser Regeln könnte z.B. lauten, dass ein Industrieroboter nicht "blindlings" jedes Objekt, welches er in seinem Aktionsfeld vorfindet, manipulieren darf. Die dazu nötige differenzierte Wahrnehmung könnte mit Sensoren erreicht werden, welche ihm erlauben, Objekte der Form nach zu unterscheiden. Eine obligatorische Einprogrammierung ähnlicher Sicherheitsroutinen in Robotersysteme wäre eine sinnvolle prophylaktische Maßnahme gegen Unfälle, auch ohne dass Robotern auf diese Weise Intentionen unterstellt werden.

Inwieweit ist es aber überhaupt erforderlich, Roboter über ihre derzeitigen Fähigkeiten hinaus mit psychischen Funktionen wie Emotionen auszustatten?

Eine Weiterentwicklung der Roboter ist sinnvoll, insofern eine Interaktion zwischen Mensch und Maschine über ein arbeitsmäßiges Subordinationsverhältnis hinaus angestrebt wird. Ein Verhältnis zwischen Mensch und Roboter, das Vertrauen impliziert und auf Akzeptanz beruht, wird v.a. außerhalb der Arbeitsanwendung in der Industrie und Produktion verlangt. So sind Bereiche im Dienstleistungssektor, insbesondere der Altenpflege, wichtige neue Einsatzgebiete für Roboter.

Roboter, die mit Gefühlen ausgestattet sind bzw. diese beim Menschen erkennen können, wären im sozialen Umfeld von höherem pragmatischen Nutzen als emotionslose Geräte: Durch ihre Empathiefähigkeit könnte sich eine Art der Kommunikation ergeben, wie sie menschliche Beziehungen auszeichnet. Diese Roboter könnten z.B. Wünsche und Handlungsabsichten des Menschen erkennen und ausführen, ohne dass ihnen explizit Befehle erteilt werden müsste.

---

[94] Asimov, I., *Ich, der Robot,* 1988, S. 41

4.2.3. Anforderungen an Dienstroboter

"Honda vermarktet ersten menschlichen Roboter", so der Titel einer dpa-Meldung vom 16.10.2000[95]. Jene Roboter sind mit einer Größe von 160 cm und einem Gewicht von 130 kg in der äußeren Morphologie menschenähnlich, über Minicomputer und Sensoren in äußerst beweglichen Gliedmaßen sind sie zu feinmotorischen Bewegungsabläufen fähig, sie können u.a. Treppen steigen und dabei Objekte in den Händen balancieren. Der beschriebene Prototyp P3 soll in einer abgespeckterren Version über den Unterhaltungselektronikmarkt hinaus Anwendung in der Altenpflege sowie bei Rettungseinsätzen und im Haushalt finden. Er stellt die erste Generation androider Roboter[96] dar.

Eine enge Kooperation zwischen Mensch und Maschine, wie sie z.B. in der Alten- und Krankenpflege vonnöten ist, verlangt vom Roboter Fähigkeiten, die ein Industrieroboter nicht benötigt. Zu diesen Fähigkeiten zählt u.a. Lernfähigkeit: Die menschliche Umwelt ist zu komplex und die Bedeutung von Verhaltensweisen, Interaktionsabläufen etc. zu kontextbezogen, um alle möglichen Situationen a priori in der Programmierung abzudecken. Lernfähigkeit im Sinne der Änderung zukünftiger Reaktionen aufgrund des Feedbacks durch die Umwelt auf bereits realisierte Verhaltensweisen kann z.B. über neuronale Netze[97] erreicht werden.

Luc Steels sieht Lernfähigkeit als intelligente Eigenschaft eines evolutionierenden Systems[98]. Diese Robotersysteme müssen jedoch, so Steels, mit dem gleichen Selbsterhaltungstrieb ausgestattet sein wie ein rein organisches Wesen, um evolutionieren zu können. Der Grundgedanke hierbei ist, dass intelligente Systeme nicht gebaut werden können, sondern sich in ei-

---

[95] dpa, Tokio, 16-10-2000 nach der Ausgabe der japanischen Wirtschaftszeitung *Nihon Keizai Shimbun* vom 16-10-2000.
[96] Android: "künstlicher Mensch, dem Menschen ähnliches Wesen", zitiert nach: Seebold, 1999
[97] Neuronale Netze simulieren die Arbeitsweise des Gehirns, indem über mehrere Stufen hinweg und über das Ansetzen von Schwellwerten angelegte Spannungen an die nachfolgende simulierte Zelle übertragen oder hemmen. vgl.: Kinnebrock, S. 145ff
[98] Steels, S. 337

nem Prozess, der der natürlichen Evolution gleichkommt, entwickeln müssen. Da die natürliche Evolution von den Prinzipien der Mutation und Selektion gesteuert ist und diese mit dem Kriterium der Tauglichkeit und des Überlebenskampfes zusammenhängen, postuliert Steels an dieser Stelle die Notwendigkeit egoistischen Verhaltens intelligenter künstlicher Systeme[99].

Diese These muss empirisch z.B. an dem Verhalten lernfähiger neuronaler Netze überprüft werden. Wenn diese These zutrifft, ergeben sich hier ernsthafte ethische Probleme: Darf ein künstliches und mächtiges System wie ein Roboter geschaffen werden, das aufgrund eines egoistischen Überlebenswillens eine ernsthafte Gefahr für den Menschen darstellen könnte?

Im Fachbereich des künstlichen Lebens zeichnen sich ethische Bedenken und Probleme ab, die nur in einer fachübergreifenden Diskussion zufriedenstellend gelöst werden können.

Wird der verstärkte Einsatz von Robotern als Arbeitskräfte Massenarbeitslosigkeit provozieren?

Ist es gerechtfertigt, humanoide Roboter zu entwickeln und große Geldsummen in diese Forschungsrichtung zu investieren, um alte und kranke Menschen zu betreuen, die auch von Menschen betreut werden könnten?

Im Zusammenwachsen der Robotik und der Cyborg-Wissenschaft potenzieren sich die Probleme: Inwieweit kann und darf die Wissenschaft mit Menschen experimentieren, wenn die Folgen nicht vollständig abzuschätzen sind? Kann und muss die Forschung deshalb eingestellt werden, weil etwaige negative Folgen für den Cyborg oder für seine Mitmenschen zu

---

[99] Diese Egoismus-Theorie ist die 3. Grundhypothese Steels in Beziehung zu seiner These der Intelligenzevolution. Weitere Kriterien sind die Abwendung der Forschung von einer reduktionistischen Perspektive, die davon ausgeht, das ein Begreifen des Verhaltens der Teileelemente eines Systems das Begreifen des Gesamtkomplexes impliziert. Die zweite Hypothese zielt auf die dynamischen Grundlagen des Verhaltens, wobei Theorien der Selbstorganisation und Chaostheorien eingeschlossen sind. Die biologischen Grundlagen des Systems, zu denen auch der natürliche Egoismus zählt, sind der kausale Faktor für den Selbsterhaltungstrieb lebender Organismen.

befürchten sind? Diese dringlichen ethischen Fragestellungen werden in Punkt 6. aufgegriffen.

Neue bioinformatische Technologien (Neuroprothesen, Retinaimplantate, etc.) werden zuerst im Krankenbereich eingesetzt. Wohl erst dann, wenn ein bestimmter Optimierungsgrad mit Risikokontrolle der involvierten Technologien erreicht ist, werden körperlich und geistig gesunde Menschen bereit sein, sich solchen Eingriffen auszusetzen. Darf man zulassen, dass kranke und hilfebedürftige Personen in ein solches Abhängigkeitsverhältnis zu Maschinen gedrängt werden? Hier wurde bereits auf die Notwendigkeit bestimmter "menschlicher" Eigenschaften der Roboter im medizinischen Versorgungsbereich verwiesen. Diese angestrebte Simulation psychischer Zustände durch künstliche Systeme führt zu einer unergiebigen Diskussion um die Möglichkeit *bewusstseinsbegabter* Maschinen. An dieser Stelle muss kurz auf die sog. Bewusstseinsproblematik eingegangen werden, um zu verdeutlichen, dass durch derartige unfruchtbare Debatten der Aufmerksamkeitsfokus von wichtigen ethischen und praktischen Problemen abgelenkt wird. Die Cyborg-Technologie ermöglicht jedoch in Zusammenarbeit mit der Medizin Erkenntnisse in Entstehung und Art des menschlichen Bewusstseins und kann so die Diskussion um die Möglichkeit bewusster Maschinen auf wissenschaftlichen Boden zurückführen.

4.3. Bewusstsein und Cyborg-Realität

Im Zuge der technischen Weiterentwicklung und der Annäherung von Mensch und Maschine sind von Robotern Fähigkeiten gefordert, die über bloßes mechanisches und elektronisches Funktionieren hinausgehen. Um eine insbesondere im Kranken- und Behindertenbereich wichtige emotionale Beziehung zwischen Mensch und betreuendem Roboter zu ermöglichen, sollen Maschinen mit menschlichen Qualitäten ausgestattet werden. Der Roboter soll in der Lage sein, sich auf den Menschen als Individuum einzustellen, d.h. er muss flexibel und empathisch auf unterschiedliche Situationen und Personen reagieren. Die Maschine muss differenziert wahrnehmen und lernfähig sein: Sie muss zum einen den physischen und psychischen Zustand ihres Interaktionspartners und die Situationsvariablen erkennen und zum anderen abschätzen, welches Verhalten welche Konsequenzen, also Änderungen der Ausgangssituation, bringt. Diese Variablenkonstellation muss das System abspeichern und später "erinnern" können, um ökonomisches Arbeiten zu ermöglichen.

4.3.1. Voraussetzungen für eine wissenschaftliche Bewusstseinstheorie

Die Prämisse der Lernfähigkeit führt zur Bewusstseinsdebatte. Stellvertretend für viele andere Wissenschaftler wie Daniel Dennett, Roger Penrose oder William Calvin, die sich auf ähnliche Weise mit der Frage nach der Natur des menschliche Bewusstseins beschäftigen, soll hier Nicholas Humphreys Ansatz zu einer Bewusstseinsdefinition kurz umrissen werden: Die Fähigkeit, Änderungen innerhalb einer Zeitspanne zu registrieren, setzt Nicholas Humphrey, Forscher am Darwin College in Cambridge, als notwendiges Kriterium, dass ein Individuum Bewusstsein im Sinne der Wahrnehmung der eigenen Person als *empfindendes Selbst* entwickelt[100]. Das Erkennen einer Änderung impliziert zeitliches Empfinden, da der Ist-Zustand von dem vorhergehenden Zustand unterschieden werden kann. Für Humphrey ist Zeitempfinden somit die Basis für *bewusste Perzeptionen*, die neben anderen bewussten Empfindungen sensorischer und emotionaler Art Bewusstsein definieren[101]. Er nennt folgende wissenschaftliche Mindestanforderungen, die eine Bewusstseinstheorie erfüllen muss:

> "Eine Theorie des Bewusstseins muss zuallererst […] grundlegenden wissenschaftlichen und logischen Kriterien genügen. Die Theorie muss einen physikalischen Vorgang im Gehirn beschreiben, dessen Merkmale auf der jeweiligen Beschreibungsebene den Eigenschaften der erlebten Empfindungen entsprechen."[102]

---

[100] Humphrey, N., *Die Naturgeschichte des Ich*, 1997, S. 238
[101] idem, S. 52ff
[102] idem, S. 264

Humphrey führt folgende Kriterien ein, die Bewusstsein definieren: Bewusstsein ist zum einen ein sowohl zeitlich als auch räumlich begrenztes Phänomen und ging zum anderen evolutionsgeschichtlich aus nichtbewussten Anfängen hervor. Dieser Scheidepunkt hin zur Bewusstseinsentwicklung wird aufgrund archäologischer Fundstücke im Paläolothikum angesetzt: Vor ca. 2,5 Millionen Jahren entwickelten sich (bedingt durch darwinsche Prinzipien) kognitive Fähigkeiten wie Abstraktions- bzw. Reflexionsvermögen, die allgemein unter dem Oberbegriff Bewusstsein zu subsumieren sind. Belegstücke aus genannter Epoche sind u.a. Höhlenmalereien, die nicht nur irdische Objekte, sondern u.a. das All darstellen sowie Kunstgegenstände wie z.B. die Venus-Figuren, Symbole der Fruchtbarkeit. Diese Kunstobjekte belegen, dass damalige Menschen zu Abstraktion und Kategorienbildung in der Lage waren[103].

Humphreys Argument der räumlichen Begrenzung des Bewusstseins besagt, dass Bewusstsein an Körper gebunden ist, wobei Bewusstsein hier als Fähigkeit zur Selbstreflektion verstanden wird, als Wahrnehmung einer Grenze zwischen "Ich" und Umwelt. Eine weitere Entstehungsgrundlage für Bewusstsein ist, so Humphrey, ein

> "selbstbezügliches Interesse: Tatsächlich können wir in der natürlichen, nicht durch Menschenhand geformten Welt alles ausschließen bis auf die lebenden Wesen, da keine anderen wesentliches Interesse am eigenen Überleben haben und ein Reiz für keines von ihnen Bedeutung hat."[104]

Als Differenzierungsmoment zwischen bewussten und unbewussten lebenden Organismen führt er das Überschreiten einer simplen Reiz-Reaktions-Kette hin zu einer langzeitlichen Rückkopplungsschleife mit Empfindungen als intentionalen Tätigkeiten, die sich über eine subjektive Zeitspanne hin erstrecken, an. Aus der Kategorie der bewussten Individuen fallen somit evolutionär gesehen niedere Lebewesen wie Bakterien, Insekten und Reptilien, die, so der Biologe, offensichtlich kein Zeitempfinden entwickelt haben.

---

[103] idem

Inwiefern ist diese Definition des Bewusstseins für die Cyborg-Wissenschaft von Bedeutung und welche Schlussfolgerungen lässt sie zu?

Das Postulat einer subjektiven Zeitempfindung, wie es Humphrey formuliert, ist nicht empirisch überprüfbar. Nach dieser Bewusstseinsdefinition könnte die KL-Forschung bereits *bewusste* Wesen konstruieren: Die meisten lernfähigen Roboter und künstlichen neuronalen Netze fielen demnach unter die Kategorie der bewussten Wesen. Ein derart weitgefasster Bewusstseinsbegriff besitzt folglich keinen realen Erkenntniswert hinsichtlich der Natur des Bewusstseins und wirkt willkürlich, da z.B. niedrige Lebewesen als nicht bewusst betrachtet werden, hingegen durch eine konzeptionelle Übertragung auf künstliche Systeme, bestimmte Automaten als bewusst gelten können. Der Bewusstseinsdebatte mangelt somit an empirisch überprüfbaren Argumenten. Hier kann die Cyborg-Technologie neue Impulse bringen.

Die Cyborg-Wissenschaft orientiert sich an der Bewusstseinsdefinition der KL-Forschung. Diese begreift Bewusstsein als *natürlich emergentes Verhalten*. Unter emergentem Verhalten versteht die KL-Wissenschaft das unerwartete, vorher nicht absehbare Verhaltensmuster eines komplexen (natürlichen oder künstlichen) Systems, in dem mehrere Einzelkomponenten zusammenarbeiten[105]. Beispiele für ein derartiges komplexes System, dessen Output sich aus der Kooperation vieler Einzelsysteme ergibt, sind Zellularautomaten[106]:

> "Jeder einzelne Automat befolgt eindeutig definierte Regeln. Das Zusammenwirken aller Automaten des Netzes kreiert geometrische Muster, die für einen Beobachter oft überraschend strukturiert sind

---

[104] idem, S. 267

[105] vgl.: Kinnebrock, S.139

[106] Ein zellulärer Automat ist eine Zelle mit einer endlichen Zustandsmenge und einer Umgebungsfunktion für die benachbarten Zellen und eine Regel zur Festlegung nachfolgender Figuren. vgl.: Mainzer, K., *Gehirn, Computer, Komplexität*, 1997, S. 137

und aus den Regeln der Automaten nicht ableitbar waren. Das Zusammenwirken aller Teile ruft neue Eigenschaften hervor."[107]

Auf den Menschen übertragen, ist Bewusstsein somit eine Eigenschaft der (physikalischen und chemischen) Vorgänge im Gehirn. Diese Vorgänge lassen sich, so die Prämisse der Bioinformatik, rechnerisch simulieren bzw. sind durch artifizielle Systeme reproduzierbar. Somit kann Bewusstsein empirisch angenähert werden. Implantate aus künstlichen Neuronennetzwerken könnten so bei Bewusstseinsstörungen, die durch Hirnverletzungen oder -anomalien bedingt wurden, die beschädigten Hirnareale ersetzen und deren Funktion übernehmen.

Um die These der Materialunabhängigkeit und der Emergenz des Bewusstseins empirisch zu überprüfen, hat sich die KL das Ziel gesetzt, die evolutionsgeschichtliche Entwicklung des menschlichen Bewusstseins mit Automaten in verkürzter Zeit zu simulieren. Aus dieser Perspektive ist Bewusstsein definiert als *die Fähigkeit, symbolische Darstellungen der Umwelt zu planen und zu verwenden*[108], wobei dies konzeptuell Humphreys Definition entspricht. Doch ist unklar, an welchen Kriterien die Korrespondenz zwischen dem menschlichen und einem eventuell emergierten künstlichen Bewusstsein festzustellen wäre.

4.3.2. Die Irreduzibilität der Subjektivität

Thomas Nagel führt in seinem Aufsatz *What is it like to be a bat*[109] die Bewusstseinsdiskussion ad absurdum: Er stellt das Argument der Irreduzibilität der Subjektivität vor. Wahrnehmung und Wirklichkeit einer Fledermaus dienen ihm hier als Metapher um aufzuzeigen, dass ein Mensch das Realitätsempfinden einer Fledermaus nicht nachvollziehen kann, da Mensch und Fledermaus keine ausreichenden Gemeinsamkeiten in Biologie, Welterfahrung und Sprache besitzen. Er stellt jedoch auch klar, dass

---

[107] idem, S. 103
[108] idem
[109] Nagel, T., What Is It Like to Be a Bat, in: Morton, Peter A., (Hrsg.), A Historical Introduction to the Philosophy of Mind: Readings with Commentary, 1997, S. 391ff

ein Feldermaus-Bewusstsein nicht auf dem Wege der Subtraktion erfahren werden kann: D.h., auch wenn die Realität der Fledermaus dadurch angenähert werden könnte, dass sukzessive die negativen, also nicht zutreffenden Eigenschaften von einem Gesamtpool aller möglichen Eigenschaften abgezogen würden, wäre ein fremdes Bewusstsein dennoch nicht erfassbar. Nagel argumentiert, dass ein Weltverständnis, also die Konstruktion der Wirklichkeit durch ein Individuum, nur mit dessen Bewusstseinsstruktur begriffen werden könne. Demnach unterstellt der Mensch der Fledermaus eine spezifische Subjektivität, die er jedoch nur fälschlich nachzuvollziehen vermag: Er versetzt sich im Geist in den Körper einer Fledermaus, um so ihre Wirklichkeit nachzuvollziehen. Doch diese Erfahrung, die einer Fledermaus ureigen ist, ist für einen Menschen nicht nachzuerleben.

4.3.3. Neurophysiologische Erkenntnisse

Dem Streit um die Nachweisbarkeit eines fremden Bewusstseins, künstlich, organisch oder hybrid, lässt sich durch neurophysiologische Untersuchungen und durch Cyborg-Techniken entgehen. Durch die Erforschung zerebraler Pathologien lassen sich dem Bewusstsein zugrundeliegende Mechanismen erkennen: Bewusstseinsstörungen, zu denen u.a. die sog. Seelenblindheit zählt, geben Einblick in Funktion und Struktur basaler neurophysiologischer Entitäten. Diese Anormalitäten sind meist auf eine neurologische Dysfunktion oder Beeinträchtigung der neuronalen Leistungsfähigkeit zurückzuführen.

Seelenblinde Patienten leiden nach einer partiellen oder totalen Zerstörung des primären visuellen Kortex V1 unter einer Blindheit, die insofern subjektiven Charakter aufweist, dass die Patienten auf visuelle Reize reagieren[110]: Ihre Pupillen zeigen z.B. Adaptationsreflexe an Helligkeits- und Kontrastwechsel und einige Patienten sind in der Lage, Gegenstände, die subjektiv für sie nicht sichtbar sind, auf Aufforderung dennoch spontan, d.h. nicht tastend, zu ergreifen. Die visuellen Perzeptionen sind also nicht

---

[110] Roth, G., Gehirn und Bewusstsein, in: R. Breuer (Hrsg.), Das Rätsel von Leib und Seele, S. 48

mit einer bewussten Wahrnehmung, die eine aufmerksamkeitsgerichtete Verarbeitung der Information ermöglichen würde, verbunden. Mittels bioinformatischer Techniken wie Neuroimplantate oder neuronaler Elektrostimulation könnten hier Versuche unternommen werden, inwieweit die Funktion der zerstörten Neuronen, also ihre elektrische Aktivität, simuliert werden kann und wie sich dies auf die bewussten Wahrnehmungen der betroffenen Individuen auswirkt.

Diese Störungen, die nur einen Teilbereich des Bewusstseins betreffen, zeigen, dass Bewusstsein aus dem Zusammenwirken mehrerer Einzelsysteme entsteht, wobei diese Zusammenarbeit experimentell untersucht werden kann. Der hier verwendete Bewusstseinsbegriff entspricht der Definition von Marvin Minsky:

"Man kann Bewusstsein aus vielen kleinen Teilen zusammenstellen, wobei jedes einzelne Teil selbst nicht bewusst ist. Jeder dieser mentalen Agenten kann alleine nur einfache Aufgaben ausführen, die nicht auf Verstand oder Kognition angewiesen sind. Wenn man diese Agenten jedoch auf ganz spezielle Art zu Gemeinschaften zusammenfügt, entsteht Intelligenz."[111]

Aus dieser Perspektive, die die richtige Ausgangslage für die Bioinformatik ist, lässt sich Bewusstsein nicht als digitaler Wert nach der Booleschen Notion[112] als vorhanden oder abwesend fixieren.

Diese Ergebnisse untermauern neurologische Theorien, die einzelne Bewusstseinskomponenten mit der Aktivität und Funktion spezifischer Gehirnareale und deren Kooperation miteinander gleichsetzen. Daraus ergibt sich, dass sowohl das natürliche als auch ein künstliches Bewusstsein experimentell, z.B. auch durch eine progressive Cyborgisierung des Gehirns im Sinne eines fortschreitenden Austausches der Zellen durch künstliche Systemeinheiten, angenähert werden kann.

---

[111] Minsky, M., *Society of mind*, 1988, S. 17, eigene Übersetzung
[112] vgl. Franklin, S., *Artificial Minds*, 4. Ausg., 1999, S. 17

4.3.4. Bioinformatische Ansätze

Als Ausgangspunkt für bioinformatische Forschungen kann Bewusstsein als material-unabhängige Eigenschaft aller wahrnehmungs- und lernfähiger Organismen definiert werden, wobei Bewusstsein als graduelle Größe verstanden wird. Der Bewusstseinsbegriff von Stan Franklin[113] bietet m. E. einen akzeptablen Ausgangspunkt für weiterführende bioinformatische Forschungen:

- Bewusstsein stellt ein Kontinuum dar. Bewusstseinsgrade sollen untersucht werden und nicht die Frage, ob Bewusstsein in einem Lebewesen vorhanden ist oder nicht.
- Die prinzipielle Aufgabe des Bewusstseins ist es, die nächste Handlung vorzubereiten.
- Bewusstsein benutzt sensorische Empfindungen, um Information für seinen eigenen Gebrauch zu erzeugen.
- Bewusstsein ist (in gewissem Grade) in Maschinen implementierbar.

Die Medizin ermöglicht den formalen Vergleich von Bewusstseinszuständen im Sinne von Messwertanalysen der elektrodynamischen Aktivität, etc. Dabei die *Inhalte* dieser messbaren Stoffwechselaktivität bzw. des elektrischen Spannungszustands festzustellen, ist die eigentliche Herausforderung für die Bioinformatik. Aktuelle Forschungsergebnisse an optimierten Schnittstellen zwischen Mensch und Maschine, wie sie insbesondere unter 3.5.2. bereits dargestellt wurden, lassen auf wissenschaftliche Erkenntnisse, die auch die Bewusstseinsdiskussion vorantreiben, hoffen.

Währenddessen gelang Neurowissenschaftlern am Institut für Neuroinformatik in Zürich ein entscheidender Schritt zur Simulation menschlicher Wahrnehmung: Das Team um Richard H. R. Hahnloser entwickelte ein Netzwerk, das aus einem Ring von 16 exhibitorischen Neuronen aus Silizium mit einem zentralen inhibitorischen Neuron auf einem Chip besteht. Durch die Rückkoppelung durch das inhibitorische Neuron reagiert der

---

[113] idem

Schaltkreis auf Signale ähnlich wie das Gehirn auf externe Reize. Hier wurde also Bau und Funktion des Neocortex nachempfunden, der u.a. visuelle Reize verarbeitet. Dieses System ist in der Lage, ähnlich wie ein Mensch bei Bild [3] zwei unterschiedliche Perzeptionen zu generieren.

Abb. [5][114]

Alte/Junge Frau: Kippfigur, Original von W.E. Hill, 1915

Dieses Bild kann zwei Interpretationen (eine alte und eine junge Frau) erzeugen, die aber nicht gleichzeitig existieren. Der Neurochip kann wie ein Mensch beide Versionen erkennen. Herkömmliche Computersysteme dagegen können nur eine Figur identifizieren[115].

Kippfiguren wie diese werden in der Wahrnehmungspsychologie verwendet, um die Mechanismen der menschlichen Wahrnehmung zu erkunden und die Bewusstseinsinhalte des Individuums empirisch anzunähern. Die Perzeption ist von verschiedenen Faktoren beeinflusst: Neben biologischen Faktoren[116] sind psychische Variablen mitverantwortlich für die Selektion derjenigen Stimuli, denen Aufmerksamkeit zugewandt wird, sowie für die Interpretation der Daten und deren Präsenz im Gedächtnis.

Hahnlosers Forschungserfolg impliziert, dass ein künstliches System, das in Morphologie und Arbeitsweise am Gehirn orientiert ist, in der Lage ist,

---

[114] Abb. [5]: http://www.informatik.uni-bremen.de/~fmike/multilern/oldyoung.html
[115] vgl.: http://www.unipublic.unizh.ch/magazin/umwelt/2000/0033/
[116] Wie z.B. sensorischen Kapazitäten, Schwellwerte und der Sensibilität der Sinnesorgane, ihrer Übertragungsgeschwindigkeit und der Genauigkeit der Informationsintegration

seine Umwelt ähnlich wie ein Mensch wahrzunehmen. Aus diesem überzeugenden Forschungserfolg lässt sich ableiten, dass ein künstliches System also prinzipiell in der Lage ist, qualitativ wahrzunehmen, also qualitative Objekteigenschaften analog zur menschlichen Perzeption zu prozessieren. Dies bedeutet, dass menschliche Bewusstseinsinhalte von einem künstlichen System reproduzierbar sind.

Gleichzeitig wird Thomas Nagels Argument der Irreduzibilität der Subjektivität relativiert: Die Simulation und das experimentelle Nachstellen der Bewusstseinsinhalte eines Subjekts durch Wahrnehmungsanalogien geben Einblick in eine andere Subjektivität, ohne das fremde Bewusstsein nachzuerleben.

Dadurch, dass so Schritt für Schritt die Prinzipien der menschlichen Wahrnehmung immer besser durch künstliche Systeme simuliert und so verstanden werden, erscheinen Hans Moravecs Zukunftsvisionen einer cyborgisierten Welt weniger fantastisch:

> "Wirklichkeiten, an die man sich anschließt, werden bald die körperlichen und sensorischen Beschränkungen unseres Heimatkörpers überschreiten. Da diese Beschränkungen mit steigendem Alter schwerwiegender werden, könnten wir sie kompensieren, indem wir eine Art Lautstärkeregler wie bei einer Hörhilfe hochdrehen. Wenn Hörhilfen bei jeder Lautstärke untauglich werden, kann man jetzt elektronische Cochlea-Implantate einsetzen, die die Hörzellen direkt stimulieren. In einer anderen Größenordnung könnten ältere Benutzer von entfernten Körpern auf ähnliche Weise verkümmerte Muskeln und geschwächte Sinne umgehen und sensorische sowie motorische Nerven direkt mit elektronischen Schnittstellen verbinden."[117]

4.4. Künstliches Leben

Im Gegensatz zur klassischen KI, die Intelligenz als isoliertes Phänomen untersucht, gehen KL-Wissenschaft und Kybernetik davon aus, dass intel-

---

[117] http://www.heise.de/tp/deutsch/html/result.xhtml?url=/
tp/deutsch/inhalt/co/4194/1.htmlu.words=Moravec

ligentes Verhalten innerhalb eines soziokulturellen Kontextes steht und in diesem Zusammenhang untersucht werden muss. Sog. Nerd Herds, Robotergruppen, sind zu rudimentären kollektiven Verhaltensweisen fähig. Diese Roboter sind mit einem Programm ausgestattet, dass sie nach erfolgreicher Beutesuche ein Signal an ihre Gefährten senden lässt. Diese nähern sich ihm daraufhin, da sie davon ausgehen, weitere Ressourcen an jenem Ort vorzufinden[118].

Im Zentrum des Forschungsinteresses steht also nicht mehr nur die Simulation humaner Intelligenz, sondern autonomes, "humanoides" Verhalten. Künstliche Systeme sollen gefühlsähnliche Zustände, menschlichen Emotionen und Motiven vergleichbar, simulieren. Emotionen gelten nun in der KL-Wissenschaft als differenzierendes Kriterium, das natürliches von künstlichem Leben unterscheidet.

> "Man geht davon aus, dass ein künstliches Lebewesen nicht einfach leben kann, ohne dass es etwas will oder irgend etwas anstrebt. Es wird also Motive haben. [...] Natürlich haben Gefühle und Motive etwas mit dem Körper zu tun, aber was für einen Körper man hat, ist weitgehend gleichgültig. [...] Künstliche Seelen können körperliche Bedürfnisse haben, nur sind sie von anderer Art. Das Konzept der Informationsverarbeitung basiert eben darauf, dass der materielle Träger gleichgültig und daher austauschbar ist. [...]"[119]

KI- und KL-Wissenschaftler unternehmen den Versuch, einen Eigenschaftenkatalog aufzustellen, der natürliches Leben definiert. Auch das schon vor 4 Jahrzehnten von dem Computerpionier John von Neumann genannte Charakteristikum der Selbstreproduktion[120] wurde in diesen Eigenschaftspool mit aufgenommen. Als weitere notwendige Charakteristika natürlichen Lebens sind Metabolismus, Reaktion auf Stimuli und eigenständige Schadensreparatur am Organismus und Evolution aufgeführt[121]. Ein künstliches System, das ein lebendes System simulieren will, muss also

---

[118] vgl.: M. Mataric: http://www-robotics.usc.edu/personal/maja/publications.html
[119] D. Dörner: http://www01.ix.de/tp/deutsch/special/robo/6211/1.html
[120] Mainzer, K., Computernetze und virtuelle Realität, 1999, S. 127
[121] vgl.: T. Ray: http://www.heise.de/tp/deutsch/special/bio/2158/1.html

- den Metabolismus lebender Organismen nachahmen
- sich selbst reproduzieren
- auf Umweltreize reagieren
- Einfluss auf seinen eigenen Organismus im Sinne einer Schadensbehebung nehmen können
- sich weiterentwickeln, also evolutionieren.

4.4.1. Emotionen und Motive

Die Forschergruppe um Dietrich Dörner versucht mit den virtuellen Kreaturen EMO und PSI, möglichst viele dieser Kriterien, die die Eigenschaften biologischen Lebens beschreiben, zu erfüllen. In Anlehnung an John von Neumanns Definition aller biologischer Systeme als Automaten, bezeichnet Dietrich Dörner seine Wesen auch als *Automaten* und setzt sie so auf eine Stufe mit lebenden Organismen[122].

EMO weist bereits existentielle Bedürfnisse auf: Er verspürt Hunger (in Form eines Energiemangels), zeigt exploratives Verhalten sowie Fluchttendenzen. EMOs Nachfolger, PSI, ist bereits mit Vergessen ausgestattet, was paradoxerweise dazu führt, dass PSI seine Umwelt und folglich seine Realität besser kennen lernt und sich besser in ihr zurecht findet[123]. Unter anderem führt die Fähigkeit, Unwichtiges zu vergessen, dazu, dass wertvoller Speicherplatz gespart wird. Ebenso sind die EMOs und PSIs nicht nur zu sozialen Bedürfnissen fähig, sondern, so Dörner, suchen aktiv nach sozialem Kontakt, indem sie nach Legitimationssignalen als Zeichen sozialer Akzeptanz streben. Dörner nennt z.B. Lächeln, Umarmen, Schulterklopfen als menschliche Legitimationssignale, kurz: L-Signale. Je nach Erscheinungsform der Kreaturen, ob diese rein virtuell oder in materieller Ausprägung vorhanden sind, werden bei diesen entweder menschliche L-Signale

---

[122] D. Dörner: http://www01.ix.de/tp/deutsch/special/robo/6211/1.html
[123] Vergessen löst Unsicherheit beim Individuum aus, das sich so neu orientieren muss und so zwangsläufig in neue, bisher unbekannte Gebiete seiner Umwelt vordringt.

übernommen oder neue, beispielsweise akustische Signale, programmiert[124].

4.4.2. Lernfähigkeit

Ein weiteres Beispiel für soziale Zusammenschlüsse von Automaten sind die von Mark Tilden konstruierten Photovoren, solargesteuerte Miniroboter, die um Sonnenenergie kombatieren, womit Darwins Evolutionsprinzip des *survival of the fittest* simuliert wird[125].

Aktuelle Programme legen nicht mehr singuläre Verhaltensmuster fest, d.h. es werden keine deterministischen Algorithmen programmiert, sondern es wird auf evolutionäre Prinzipien zurückgegriffen. Evolutionsspiele wie das seit Jahren bekannte *TIERRA* von Thomas Ray, bei dem virtuelle Kreaturen zum ökologischen Gleichgewicht streben, sind hierfür ein Beispiel[126].

Es gibt bereits lernfähige Roboter, die nur einfache Ausgangsbefehle bzw. Handlungsanweisungen wie *"Lerne schwimmen"*, *"Lerne, Nahrung zu finden"* etc. benötigen, um sich dann nach den Prinzipien der Selektion/Adaptation zu verändern, bis sie das gesetzte Ziel erreichen. Analog zur natürlichen Evolution können kleine Fehler in dieser virtuellen DNA weitreichende negative Konsequenzen für das Individuum nach sich ziehen[127].

Mit den von Christopher Langton entwickelten zellulären Automaten entstanden schon in den 80er Jahren erste virtuelle "Lebewesen", die sich spontan und periodisch reproduzieren können[128].

Automaten können also bereits Eigenschaften eines lebenden Systems wie Reproduktion, Autonomie und Emotionen aufweisen bzw. simulieren.

---

[124] Dörner, D., *Bauplan für eine Seele,* 1999, S. 330
[125] http://www.geo.de/magazin/reportagen/roboter/roboter.html
[126] http://www.heise.de/tp/deutsch/special/bio/2158/1.html und
http://www.heise.de/tp/deutsch/special/robo/6212/1.html
[127] http://evolver.at/archiv/cyb/kl.html
[128] vgl: Mainzer, K., Computernetze und virtuelle Realität, 1999, S. 127

Die traditionelle KL-Forschung bewegt sich dabei weg von der Vorstellung, ein Wesen mit menschlichem Aussehen und Verstand zu erschaffen. Sie konzentriert sich auf die Konstruktion von Robotern, die in Hinblick auf die Lösung spezieller Aufgaben und Problemstellungen entwickelt und programmiert wurden, wie Industrieroboter, Schadstoffroboter, und Medizinroboter. Mit Ausnahme von Dienstleistungsrobotern und solchen, die sich in direkter Interaktion mit Menschen befinden, steht bei diesen Robotern die äußere Morphologie nicht unter ästhetischen, sondern unter pragmatischen Kriterien im Vordergrund: Der Roboter soll mit den nötigen motorischen und sensorischen Fertigkeiten sowie sozialen Kompetenzen ausgestattet sein, um seiner Aufgabe gerecht zu werden.

Analog verhält es sich mit dem Einsatz von Lernmechanismen z.B. bei künstlichen neuronalen Netzen: Das Wissen um den ontogenetischen Erwerb von kognitiven Fähigkeiten wird in der KI/KL eingesetzt, ohne menschliches Verhalten in allen Facetten imitieren zu wollen. Spezifische menschliche Verhaltensweisen dienen als Vorbild, um die Entwicklung (z.B. der Anpassungsfähigkeit) künstlicher Organismen voranzutreiben.

Neben zahlreichen Computersimulationen, die virtuelle Wesen miteinander interagieren und kooperieren lassen, leben bereits sozialisierte Roboter in den schon erwähnten Nerd Herds zusammen. Nach Meinung von Maja Mataric, die Roboterpopulationen entwickelt, deren Mitglieder in ihrer Interaktion kollektives Verhalten generieren, ist Intelligenz insbesondere ein soziales Phänomen, das unter Berücksichtigung des Kontexts untersucht werden muss, um verstanden zu werden[129]. So nähert sich der Intelligenzbegriff der KI der gängigen psychologischen Definition[130] an. Im Verständnis der Umwelt als wichtigen Einflussfaktor in Verhalten und Entwicklung des Individuums kann eine Kreatur nur dann als intelligent bezeichnet werden, wenn sie Interaktionsfähigkeit mit dem Medium zeigt. Oft versuchen hier Forscher das kollektive Verhalten von Tieren, die in Staaten

---

[129] Mataric, S. 65 ff
[130] Die Psychologie definiert Intelligenz als Anpassungsfähigkeit an die Umgebung, die das Überleben erleichtert. vgl.: Dorsch, S. 412

zusammenleben, in ihren Populationen aus künstlichen Wesen zu simulieren.

Forscher der Universität von Lausanne in der Schweiz lehrten so Roboter soziales Verhalten. Sie programmierten die Maschinen mit den einfachen Regeln eines Ameisenstaates auf Futtersuche: Diese Anweisungen waren, gemeinsam das "Nest" zu verlassen, nicht ineinander zu laufen, Futter zu suchen und die anderen über Funde zu informieren[131].

4.4.3. Selbstreproduktion

Im August dieses Jahres wurde ein weiterer Erfolg in Richtung der Simulation der Eigenschaften lebender Organismen erzielt: An der Brandeis University of Massachussetts wurde das erste Computersystem entwickelt, das ohne menschliche Hilfe Roboter entwirft, ihr Design verbessert, die besten Entwürfe auswählt und diese schließlich selbstständig baut[132]. Dies entspricht im übertragenen Sinn dem oben aufgeführten Kriterium der Selbstreproduktion. In einem darwinistischen Evolutionsprozess lernt der Computer, Fehlkonstruktionen zu verwerfen und immer fähigere Systeme zu erschaffen. Durch die Verbindung mit einem Herstellungsautomat, einem sog. dreidimensionalen Drucker[133], können diese Entwürfe fabriziert werden.

Der Computer erhält den Auftrag, aus einfachen, unbeweglichen Basiskomponenten bewegliche Roboter zu bauen. Mit jeder Generation lernt das System dazu. Unnötige oder hinderliche Eigenschaften der virtuellen Prototypen sonderte das Computersystem aus. Schließlich hatte es virtuelle Kreaturen entworfen, die sich, wenn auch unbeholfen, bewegen konnten. Nach einigen hundert Generationen wählte der Computer die drei geeignetsten Konstruktionen aus. Diese wurden über den 3-D Drucker zusammengebaut.

---

[131] Quelle: AFP, 311428 August 2000
[132] idem
[133] Dieser Drucker besitzt eine Düse, die mit flüssigem Kunststoff die Formen der am Bildschirm entworfenen Strukturen nachbaut. Schicht für Schicht wird neuer Kunststoff aufgetragen. Mit jeder Lage "wächst" so der reale Prototyp.

Die so entstandenen Roboter entsprechen einfachen dreidimensionalen Dreiecken oder Rechtecken. Mit Hilfe eines (von den Forschern eingesetzten) Motors bewegen sich einzelne Gliedmaßen, so dass sich das Objekt als Ganzes fortbewegen kann. Der Pionier der Roboterforschung, Rodney Brooks, rühmt das gelungene Experiment als den entscheidenden Schritt zum "ultimativen Traum von sich selbst erschaffenden Maschinen"[134]. Solche nach den Erfindern so benannten Lipson-Pollack-Systeme würden sich, so die Forscher, ideal für die Erforschung lebensfeindlicher Räume und fremde Planteten eignen[135].

Evolutionsprinzipien werden also bereits heute mit pragmatischen[136] Zielen erfolgreich simuliert. Diese neuen technologischen Errungenschaften vermitteln wichtige Erkenntnisse in die Prinzipien der natürlichen Evolution und in die Verhaltensabläufe und -funktionen von Lebewesen als Individuen und in Gemeinschaft. Von diesen Erkenntnissen profitiert insbesondere die Bioinformatik, da sie versucht, die natürliche Evolution durch die Manipulation lebender Organismen zu beeinflussen.

Mögliche Folgen derartiger Eingriffe in natürliche Abläufe und in lebende Organismen sind jedoch nicht vollständig abschätzbar. Diese gewisse Unberechenbarkeit moderner Technologien stellt ein Risiko dar, das nicht gänzlich vermieden werden kann. Darüber hinaus bedarf es stets einer gewissen Etablierungsphase neuer Techniken, bis sie allgemein akzeptiert und angewandt werden. Jeweils wirksame ethische und moralische Wertsetzungen können mit reellen wissenschaftlichen und technischen Fähigkeiten aus zeitlichen Gründen nicht mithalten: Der Fortschritt schreitet zu rasch voran, als dass eingebürgerte Wertkonzepte sich in der gleichen Geschwindigkeit modifizieren könnten. Einstellungen, Ideale und auch ethische Normen verändern sich parallel zu neuen Entwicklungen und Möglichkeiten, insbesondere das moralisches Empfinden selbst ist als adaptativ

---

[134] Quelle: AFP, 311428 August 2000

[135] Unter folgender Internetadresse lässt sich ein Programm, das die Evolution simuliert, kostenlos als Bildschirmschoner herunterladen:
http://www.golem_03_cs-i_brandeis_edu.html

[136] im Sinne von: am Nutzen orientiert

und flexibel zu bezeichnen (wenn nicht als opportunistisch) und trägt dem Fortschritt, wenn auch zeitverzögert, Rechnung.

Der amerikanische Performance-Künstler Stelarc präsentiert sich künstlerisch als Cyborg und experimentiert außerhalb der Forschungslaboratorien mit bioinformatischen Technologien. Neben künstlerischen Ambitionen motiviert ihn die Hoffnung auf Einsichten in die Natur des menschlichen Bewusstseins[137], die er durch Grenzerfahrungen erkunden will. So untersucht er am eigenen Leib die Auswirkung von in seinen Organismus integrierten Cyborg-Elementen. Die Kunst ist hier außerhalb der Hightech-Labors die erste Verbindung zwischen technisch Machbarem und experimenteller Verwirklichung.

4.5. Der Körperkünstler Stelarc

Der amerikanische Performance-Künstler Stelarc schafft mit extremen Methoden eine innovative Cyborg-Kunst und thematisiert am eigenen Körper die Verschmelzung von Körper und Maschine. Doch Stelarcs Ambitionen reichen über die bloße künstlerische Darstellung eines Cyborgs hinaus:

> "Der Körper hat sich eine Informations- und Technikwelt geschaffen, mit der er nicht länger zurechtkommt. Diese Art aristotelischen Impulses, mehr und mehr Informationen in sich aufzunehmen hat eine Situation geschaffen, in der die Kapazität des menschlichen Kortex all diese Informationen nicht mehr aufnehmen und kreativ weiterverarbeiten kann. Das ist einer der menschlichen und technischen Druckfaktoren, die den Computer auf den Plan rufen. Es war notwendig, eine Technologie zu schaffen, die übernimmt, was der Körper nicht mehr zu tun in der Lage ist. Das hat eine Technologie geschaffen, die bestimmte ihr eigenen Möglichkeiten bei weitem übertrifft... wir haben das Potential geschaffen, nicht-menschliches Leben zu generieren. Die einzige evolutionäre Strategie die ich sehe, ist eine evolutionäre Dialektik hervorzurufen, Technologie in den Körper zu integrieren... Technologie, die symbiotisch am Körper angebracht und in ihn implantiert wird, schafft eine neue evolutionäre Synthese,

---

[137] vgl: http://www.gu.edu.au/gart/Fineart_Online/Gallery/Stelarc/stelarc.html

schafft einen neuen menschlichen Hybriden - das Organische und das Synthetische kommen zusammen, um eine neue Art von evolutionärer Energie hervorzubringen."[138]

Als spektakuläres Kunstobjekt präsentiert Stelarc einen künstlichen dritten Arm, den er über seine Oberschenkel- und Bauchmuskulatur steuert und bewegt. Diesen Arm optimiert er seit 1976 ständig und setzt ihn zu Internetperformances ein, bei denen er Internetuser seine restliche Muskulatur steuern lässt und er nur noch die bewusste Kontrolle über seinen 3. Arm behält[139].

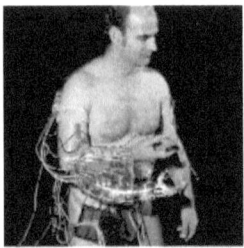

Abb. [4]: *Stelarc und sein dritter Arm*[140]

Die Wirklichkeit, wie sie Stelarc erlebt und selbst modelliert, ist eine symbiotische Mensch-Maschinen-Realität, in der biologische und künstliche Elemente miteinander verschmelzen.

Die Wirklichkeitsverschiebung, die der Künstler erlebt, ist sicher mitbedingt durch die Art extremer Stimulation, die sein Zentrales Nervensystem erfährt. In Selbstversuchen ließ sich der Bodyhacker, wie er auch genannt wird, bis zu 7 Tage mit zugenähtem Mund zwischen zwei Bretter klemmen, um so eine Grenzerfahrung durch absolute Reizdeprivation zu erleben. Dieses Selbstexperiment ist ein Beispiel dafür, wie ausgeprägt sich das individuelle Wirklichkeitserleben in Abhängigkeit zu gegebenen Reiz- und Umwelteinflüssen befindet. Das jeweils aktuell erlebte Realitätskonstrukt wird durch externe Faktoren, d.h. durch Umweltstimulation, hervorgerufen und modifiziert. Bei extremer Reizarmut oder Reizmonotonie tritt der Ef-

---

[138] idem
[139] http://www.heise.de/tp/deutsch/inhalt/sa/3012/2.html
[140] Quelle: http://www.ct.heise.de/tp/deutsch/inhalt/sa/3012/2.html

fekt der sensorischen Deprivation[141] auf. Insbesondere das Auftreten von Halluzinationen belegt die Annahme der Abhängigkeit der individuellen Wirklichkeitswahrnehmung von gegenwärtigen und situativen Reizen und Umwelteinflüssen[142].

Dabei basiert jedes subjektive Wirklichkeitskonzept auf dem zugrundeliegenden Wissen, das eine Person über ihre Umgebung und somit ihre Wirklichkeit besitzt. Dieses Wissen beinhaltet alle Informationen, die das Individuum je über die Welt und über sich selbst erhalten hat. Somit entspricht die persönlich erlebte Wirklichkeit der Vernetzung und dem Interaktionsverhalten sämtlicher (bewusst oder außerbewusst empfangenen) Informationen. Das in 4.3. beschrieben Experiment mit dem künstlichen neuronalen Netzwerk, das ein Kippbild ähnlich wie ein Mensch auf verschiedene Weise interpretiert, zeigt, dass ein Künstliches System menschliche Wirklichkeitskonstrukte simulieren kann.

Das menschliche Wirklichkeitsverständnis wird von den Informationen, die den Organismus von außen erreichen, beeinflusst. Im Post-Informationszeitalter, wie Nicholas Negroponte[143] unsere Epoche schon vor 5 Jahren nannte, sind Informationen personalisierte Erwerbsprodukte. Über das bloße Stadium der Zielgruppen- und Interessentensteuerung hinaus sind Informationen nun präferenzengesteuertes Handelsgut: Die sich immer mehr etablierenden Newsgroups belegen heute diese These eindrucksvoll. Die Interessen des Einzelnen werden durch das Höchstmaß an Personalisierung in dieser elektronischen Zeitung bestmöglich erfüllt, während allgemeinbildende Informationen und Fakten an Bedeutung verlieren. Dieses hochspezialisierte und dadurch restringierte Wissen wirkt auf das individuelle Weltverständnis: Die Wirklichkeitsvorstellungen als Sammelbegriff für

---

[141] vgl.: Gerber, Basler, Tewes, (Hrsg.), *Medizinische Psychologie*, 1994, S.33.
Bei sich verlangsamendem EEG treten mehr Theta-Wellen auf, d.h. Wellen mit niedriger Spannung und hoher Frequenz, charakteristisch für das Stadium I des Schlafs die Konzentrationsfähigkeit lässt nach, Halluzinationen treten auf: vgl.: Hobson, J.A., *Schlaf: Gehirnaktivität im Ruhezustand*, 1990, S. 28

[142] vgl.: 5.2.

[143] Negroponte, N., *Total digital*, 3. Aufl.1995, S. 201ff

aktuelle Geschehnisse als politische und soziale Konstellationen und somit die Realität, die sich dem Individuum zeigt und in der es lebt, unterscheidet sich von Person zu Person.

Die Art und Menge der Informationen ist jedoch auch beeinflusst von der Reiz-Sensitivität des Individuums. Voraussetzung für den Erwerb von Wissen bzw. die Integration von Information ist die Reizempfindlichkeit der Sinnesorgane sowie eine allgemeine Verarbeitungsbereitschaft des Organismus. Die Art der Informationen, die erfasst und weiter verarbeitet werden können, steht in direkter Funktionalitätsdependenz der Sinnesorgane und der Leistungskapazität des kognitiven Systems des Individuums. Das menschliche Auge bildet die Umwelt und somit die Realität anders als z.B. das Facettenauge einer Fliege ab, trotzdem ähneln sie sich durch ihre Definition als lichtempfindliche Organe. Ein elektronisches Kameraauge eines Cyborgs bewirkt wiederum eine andere visuelle Repräsentation der Umgebung.

Wenn nun ein Lebewesen seine natürlichen Fähigkeiten mittels einer künstlichen Extension modifiziert oder erweitert, ändert sich mit dieser neuen Aufnahme- und Integrationsmöglichkeit qualitativ andersartiger Information aufgrund der Interdependenz auch das Wirklichkeitsabbild des Subjekts. Die Möglichkeit, z.B. über einen implantierten Chip in konstantem Kontakt mit dem Internet zu stehen, kann die Wahrnehmung der Welt verändern.

Datenaustausch, schneller Informationserwerb und die konstante Anwesenheit in einem virtuellen Datenraum gewinnen an Relevanz und heben darüber hinaus die Eigenwahrnehmung als autonomes, eigenverantwortliches Individuum zugunsten der Integration in ein gleichberechtigtes Informationsnetz auf. Die durch eine lang aufrechterhaltene Empfangsbereitschaft ständig einströmenden Informationen stellen dabei einen konstanten Geräuschpegel im Hintergrund dar, der zusätzliche Aufmerksamkeitskanäle belegt, ähnlich einem durchgehend laufenden Rundfunkgerät. So wird der Mensch seiner Umwelt weniger Aufmerksamkeit zugestehen können, da er sich auf die virtuelle Datenrealität konzentriert und konzentrieren muss: Unter marktökonomischen Gesichtspunkten kann sich in einer derart digitalisierten Welt nur ein Cyborg behaupten, der beständig über die neuesten Informationen verfügt, der sein System somit in einem

Informationen verfügt, der sein System somit in einem fortlaufenden Update-Zustand hält.

Im Folgenden werden einige beeindruckende Zukunftsvisionen einer cyborgisierten und technologisierten Welt beschrieben.

4.6. Zukunftsprognosen

Das Spektakuläre technologischen Fortschritts, der gleich einer kopernikanischen Revolution die Grenzen der uns bekannten Welt einreißt, gleitet oft ins Spekulative ab. Negative Zukunftsspekulationen und Weltuntergangsvisionen gehen Hand in Hand mit übersteigerten Erwartungen an eine glorifizierte Zukunft. Insbesondere der Fortschritt im Bereich der medizinischen Informatik verspricht ein langes und gesundes Leben, schließlich den Sieg über Krankheit und Tod. Doch zu welchem Preis können die Lebenden immer weiter auf ihrem Lebensraum beharren? Die Ressourcen der Erde sind begrenzt, und diese Limitationen treten Tag um Tag deutlicher hervor.

Außerhalb unserer technologisierten Welt wird Überbevölkerung durch einen natürlichen Kreislauf geregelt: Durch Wechselbeziehungen im Jagd-, Brut- und Fressverhalten kann die kritische Marke der Populationsdichte nicht überschritten werden. Wie sollen im menschlichen Umfeld die bereits vorhandenen lebensbedrohenden Probleme aufgehalten oder gelöst werden, wenn durch medizinischen Fortschritt der letzte natürliche Feind des Menschen, der krankheits- oder altersbedingte Tod, ausgelöscht ist? Wird eine strikte Form der Geburtenkontrolle, der (staatlich) kontrollierten Empfängnisverhütung wie es in fernöstlichen Staaten bereits der Fall ist, oder eine Regelung der erzwungenen Euthanasie entstehen?

Schreckensbilder von neuen archaisch-barbarischen Zeiten drängen sich auf, in denen der Gesündeste und Fitteste[144] ein Vorzugsrecht auf Leben besitzt, weil er sich die nötige medizinische Unterstützung leisten kann. Es

---

[144] mithin der Reichste

ist zu erwarten, dass sich in den ehemaligen Industrienationen der westlichen Halbkugel, den Cybersocietys[145], innenpolitisch ein starkes Gefälle zwischen einer gebildeten, reichen Schicht, für die der Umgang mit elektronischen Medien Standard sein wird, und vielen ärmeren Bevölkerungsgruppen auftut. Durch die Weiterentwicklung der Robotik und einen vermehrten Einsatz von Robotern im Arbeitsbereich, kann es zu einer Verdrängung des Menschen von seinem Arbeitsplatz und so zu Massenarbeitslosigkeit kommen. Angehörigen sozial niedriger Schichten könnte ein gesellschaftlich niedrigerer Status zugestanden werden wie diesen Robotern[146].

Doch bei diesem negativen Zukunftsentwurf wird vorausgesetzt, dass sich die Technologie mit ihren Methoden und Errungenschaften einseitig entwickelt, ohne dass andere, kompensatorische Wirkfaktoren parallel entwickelt werden würden. In Wissenschaft und Technik erzielten Erfolge sind meist multidimensional. Ein Beispiel ist hier die Raumfahrt: Es bleibt zu erwarten, dass gleichzeitig zu bio-medizinisch-elektronischen Methoden, die eine höhere Lebenszeit garantieren, andere Forschungsbereiche wie die Physik Erfolge erzielen und Mittel erkennen, das Überleben der Menschheit eventuell auf anderen Planeten zu gewährleisten[147].

Mit fortschreitenden technischen Möglichkeiten ändern sich also ebenfalls die Lebensumstände. So sollte vermieden werden, ein Spotlight auf einen singulären Bereich der Zukunft zu werfen und über etwaige Konsequenzen

---

[145] Diese Bezeichnung dient als Abgrenzung zu Industrienationen, die den Einstieg in die Informationstechnologie verpassten: Hiervon sind insbesondere Länder wie die Tschechei, Jugoslawien etc. betroffen, die zwar als Dienstleistungsgesellschaften industrialisiert, aber nicht elektronisiert bzw. digitalisiert sind.

[146] So ist vorstellbar, dass unzureichend gebildete Menschen am Fließband Roboterteile montieren, ohne Funktion und Art des Endprodukts zu verstehen, da die Arbeitskraft von ungebildeten Menschen (die deswegen in ihrer Aufzucht kostengünstig waren, da keine Energie in ihre intellektuelle Förderung investiert werden musste), während das Endprodukt, die Roboter, ihnen die nötigen Anweisungen zur Montage geben.

[147] Der Kommerz scheint auch dieses Mal intuitiv richtig zu liegen: Bereits seit geraumer Zeit werden im Internet Grundstücke auf dem Mond und auf der Venus zum Kauf feil geboten.

zu spekulieren, ohne simultan wirkende Kräfte wie gleichzeitige Entwicklungen in anderen Wissenschaftsbereichen in Erwägung zu ziehen.

4.6.1. Donna Haraways Cyborg-Manifest

Vor 20 Jahren war die Wissenschaftlerin Donna Haraway eine der ersten, die sich mit dem Thema der Cyborgs in ihrem *Cyborg Manifesto*[148] auseinander setzte. Für sie verkörpert die Cyborg-Technologie alle Möglichkeiten einer im ethischen Sinne besseren Zukunft. Deshalb soll ihr Ansatz, der auch heute noch interessant erscheint, hier ausführlicher dargestellt werden.

Haraway beschrieb uns alle als Mischwesen, als Chimären, komponiert aus verschiedenen biologischen und anorganischen Materialien, und nahm somit spätere reale technische Entwicklungen und Möglichkeiten vorweg.

Menschen als Produzenten und Produkte historischer, sozialer und kultureller Diskurse sind, so Haraway, in der Position und Zwangslage, eigene und subjektive Konzeptionen vom eigenen Selbst, von ihrer Umwelt und von der Welt im Allgemeinen zu entwerfen. Der feministische Ansatz Haraways konzentriert sich auf die Stellung der Frau in einer technologisierten Welt, geht jedoch über einen naiven feministischen Ansatz hinaus, indem sie die Auswirkungen einer cyborgisierten Welt für alle Lebewesen betrachtet.

Die Grenzen zwischen Mensch und Tier, zwischen Organismus und Maschine werden im Cyborg überwunden. Die Natur als vorher unabhängige Entität löst sich zunehmend in wissenschaftlich-technischen Konstruktionen auf, wobei frühere und statische Grenzsetzungen zwischen Mensch und Tier als Lebewesen und zwischen Lebewesen und Maschinen keine reelle Gültigkeit bzw. Korrespondenz in einer gen- und informationstechnische gesteuerten Welt besitzt. Cyborgs sprengen so biologische und soziale Grenzen.

---

[148] Haraway, D., *Die Neuerfindung der Natur,* Frankfurt-New York, Campus, 1995, S33ff

Weltweite Bündnisse und soziale Organisationen müssen eingegangen werden, damit Menschengruppen im Zuge der wirtschaftlichen Globalisierung und der Entwicklung einer Hausarbeitsökonomie, also das Ineinandergreifen von Familie, Körper, Markt und Industrie nicht manipuliert und gegeneinander ausgespielt werden können. Moderne Kommunikationstechnologien werden unverzichtbar und bedeutend in diesem langwierigen Paradigmenwechsel sein, doch werden sie gleichzeitig auch soziale Ungleichheiten zwischen den Ländern der 1. und der 3. Welt hervorbringen bzw. verstärken.

Haraways Cyborg Manifest stellt noch immer eine interessante Perspektive dar: In diesem Konzept schaffen die Cyborgs es, ethische Bedenken zu überwinden bzw. sind nicht mit ihnen konfrontiert. Nicht die "Erschaffung" der Cyborgs, also der technologische Fortschritt, wird hinterfragt, sondern die gesellschaftlichen Bedingungen, die ihre Genese notwendig machen und sie einfordern. Darüber hinaus wird die Eingliederung technischer Komponenten in unsere physische und psychische Welt als selbstverständlich erachtet. Cyborgs sind keine Bedrohung für die Menschen, sondern im Gegenteil die Chance auf Verbesserung der Lebensverhältnisse und des Menschen an sich.

4.6.2. Horrorvisionen

Gegen Haraways positive Cyborg-Vision stehen zahlreiche negative Prognosen.

Dabei scheint es im der Natur des Sachgebietes zu liegen, dass sich auch anerkannte Wissenschaftler wie der bereits zitierte Hans Moravec in spekulativen Prognosen verlieren. So beschreibt Moravec ausführlich ein Zukunftsszenario, in dem Roboter um das Jahr 2100 zu übermenschlichen Geistwesen mutierten, die die Menschheit versklavten bzw. zu ihren Haustieren machten[149]. Diesem Endstadium der Unterdrückung geht, so Moravec, eine graduelle Ersetzung der Menschen durch Roboter voraus,

---

[149] Moravec, H., Robot: Mere machine to transcendent mind, 1999, S. 127ff

was sich zuerst in einer alle Berufsparten betreffenden Arbeitslosigkeit ausdrücken wird.

Charakteristisch für zukunftsnegativistische Prognosen á la Moravec ist die Mischung aus vernünftig erscheinenden und spekulativen Voraussagen: Neben logisch abschätzbaren Aussagen wie der Evolutionsstagnation an eben jenem Punkt, an dem die Menschen sich mit ihrer menschlich-primitiven genetischen Ausstattung zufrieden geben, ohne externe Manipulativa des genetischen Materials einzuführen, stehen Horrorvisionen und apokalyptische Niedergangsprognosen der Menschheit. Auch dem Biologen Richard Dawkins erscheint der unausweichliche Niedergang der Menschheit im Zeitalter der Roboter und der Cyborgs die zwingende Konsequenz aus der Weiterführung der darwinschen Evolutionstheorie. So sieht auch er die Zukunft der Menschen in Versklavung und Ausbeutung durch Roboter[150].

Als Äquivalent zu Moravecs Prophezeiungen um das Jahr 2100 entwirft Ray Kurzweil[151] das Szenario einer cyborgisierten Lebensform, wobei er jedoch weitgehend auf die Vision einer von im ethischen Sinne unmenschlichen Maschinenrasse als Alleinherrscher über die Welt verzichtet. Kurzweils Zukunft ist gezeichnet von einer Entbiologisierung des Geistes, ähnlich wie sie auch Moravec beschreibt: Menschliches Denken verschmilzt mit Maschinenintelligenz, der menschliche Verstand ist vollständig auf Maschinen übertragbar. Somit ist der Organismus als Träger des Bewusstseins überflüssig und wird immer mehr künstlichen oder zu einem großen Prozentsatz cyborgisierten Systemen weichen.

Gregory S. Paul und Earl D. Cox[152] zeichnen dagegen ein übertrieben technik-begeistertes, menschen-verachtendes Panorama: Die rasante Entwicklung der Bioinformatik, der Cybertechnik, die Maschinen die Herrschaft über die Welt gibt, geht einher mit der Nutzlosigkeit der Menschen. Sie ha-

---

[150] vgl.: Freyermuth, G., *Cyberland*, 1996, S. 206
[151] Kurzweil, S. 358
[152] Paul, G.S. u. Cox, E.D., Beyond humanity: cyberevolution and future minds, 1996, S. 244ff

ben sich durch ihre technischen Errungenschaften selbst überflüssig gemacht. Kein Bereich existiert mehr, den nicht künstliche Lebewesen für sich beanspruchen würden. Jede menschliche Fähigkeit wird von den cyborgischen Kapazitäten übertroffen, jede intellektuelle oder mechanische Aufgabe führen sie besser aus. Die Menschen haben nun die Wahl, in der Cybersociety aufzugehen, d.h. ihre rein organische Humanität zugunsten eines hybriden Daseins aufzugeben, oder sich für das biologische Menschsein zu entscheiden- mit der Folge, dass sie als billige Handlanger der Maschinen ein sinnentleertes Dasein führen.

Die Menschen, die sich gegen ein Cyborg-Dasein entschieden, sind nichts weiter als geduldete, aber ineffektive Randmitglieder einer neuen Gesellschaftsform. Die Autoren führen ihre Vision weiter: Nach ihren Überlegungen werden die Cyborgs die Erde verlassen, um andere Planeten zu besiedeln. Die auf der Erde verbliebenen Menschen werden zu ursprünglichen, naturverbundenen Lebensformen zurückkehren. Nach der sogenannten Cyberexplosion bevölkern Cyborgs die Welt: Das menschliche Gehirn und Organismus ist durch komplexe nanobasierte Systeme ersetzt, die weitaus anpassungsfähiger und überlebensfähiger als der menschliche Organismus sind. Die Cyborgs sind unsterblich, superintelligent und lernfähig und fähig, ihre Gestalt nach Gutdünken zu verändern.

Die Prognosen und Theorien der o.g. Autoren beruhen dabei alle auf derselben (nämlich heutigen) Ausgangssituation und aktuellen technischen Möglichkeiten. Davon ausgehend entwerfen die Autoren unterschiedliche Zukunftsbilder mit entsprechend unterschiedlichen Problematiken. Bereits aktuell vorhandene Schwierigkeiten verlieren so angesichts überwältigender Zukunftsgefahren an Relevanz. An dieser Stelle soll darauf hingewiesen werden, dass reale Probleme, die sich aus der tatsächlichen technischen Realisierbarkeit ergeben, akut lösungsrelevant sind. Diese Lösungen und ihre Alternativen stellen einen angebrachten Ausgangspunkt für rationale Zukunftsprognosen dar. Als Kriterium für eine rationale Prognose wird hier u.a. die pragmatische Relevanz[153] des beschriebenen Sachverhalts angesetzt.

Prognosen, die bis weit in die kommenden Jahrzehnte und Jahrhunderte hineinreichen, laufen Gefahr, technische Entwicklungen als autonom und nicht beeinflussbar zu mystifizieren. Es ist problematisch, beim heutigen Stand der Technik und dem nicht linearen Erkenntniswachstum im bioinformatischen Bereich sowie der akzelerierten Weiterentwicklung informationstechnischer Mittel zuverlässige Zukunftsaussagen zu treffen, jedoch sollten technische Geräte auch weiterhin als kontrollier- und steuerbar betrachtet werden.

4.6.3. Absehbare Risiken der progressiven Cyborgisierung

Die konkreten Überlegungen im gesellschafts- und arbeitsmarktpolitischen Bereich, die Nicholas Negroponte[154] ausführt, erscheinen hier betrachtenswert. Sie bewegen sich nicht in einem esoterischen Spekulationsraum um die Weltherrschaft und die politischen und sozialen Machtverhältnisse in einer nicht absehbaren Zukunft: Negroponte warnt stattdessen vor einem drohenden Missbrauch geistigen Eigentums und einem Einbruch in die Privatsphäre des Einzelnen[155]. Warum hier eine reale Gefahr besteht, wird in dieser Arbeit unter 6.4. noch dargestellt. Darüber hinaus nennt Negroponte Digitalvandalismus, Softwarepiraterie und Datendiebstahl neben Massenarbeitslosigkeit als unerwünschte Nebeneffekte einer fortschreitenden Digitalisierung unserer Lebenswelt. Datenschutz, Raubkopien und Hack-Angriffe sind reale Probleme, mit denen wir uns heute auseinandersetzen müssen. Als Kausalfaktoren für die fortschreitende Arbeitslosigkeit sind nicht nur die Elektronisierung und Technisierung von Industrie und Handel durch Maschinen und Roboter als physische Problementitäten zu sehen.

---

[153] Hier sind die konkreten Auswirkungen für das menschliche Umfeld, das hauptsächlich aus gesellschaftlichen, politischen und sozialen Faktoren wie Familie und Arbeitsleben besteht, gemeint.
[154] Negroponte, S. 275ff
[155] idem

Auch die progressive Globalisierung, die durch Medien wie das Internet vorangetrieben wird, kann durch die Grenzaufhebung eine Produktionsverlagerung in sog. Billig-Länder bewirken, die jedoch durch die so geleistete Fronarbeit keinen wirtschaftlichen Aufschwung erleben.

Ein weiteres Risiko der zunehmenden Digitalisierung ist die Aufteilung in technik-versierte und auf der Gegenseite nicht-informierter Bürger, wobei sich diese Trennung nicht nur zwischen reichen und armen Ländern vollziehen wird und somit ein globales Technikgefälle provoziert, das auf ökonomischen und entwicklungstheoretischen Grundlagen beruht, sondern auch zwischen den Generationen und Schichten eines Staats.

> "Während wir uns mehr und mehr auf eine solche digitale Welt zu bewegen, wird ein ganzer Bereich der Bevölkerung ausgeschlossen sein oder sich zumindest so fühlen."[156]

Dieser Gefahr, die hier als drohender Bildungsverfall in diesem Sinne, dass ganze Bevölkerungsschichten nicht mehr auf einem modernen Arbeitsmarkt einsatzfähig sind, definiert werden soll, könnte mit spezifischen Bildungsmaßnahmen und dem Einsatz spezieller technologischer Medien begegnet werden. Sonst ist eine Elitenbildung abzusehen, die sich aus gesellschaftlich hochstehenden und finanzkräftigen Führungskräften zusammensetzt, die über die notwendigen Mittel zur Cyborgisierung verfügen.

Eine cyborgisierte Gesellschaft setzt als Prämisse nicht voraus, dass jedes Individuum über alle technischen Aspekte dieser Cyborgisierung informiert ist[157], sondern vielmehr die Fähigkeit zur autonomen Entscheidung für oder gegen ein solches Vorgehen. Diese Art der technischen Mündigkeit, die weitreichende Konsequenzen auf das Weltbild, auf erkenntnistheoretische und theologische Fragen des einzelnen Subjekts beinhaltet, kann nur durch ausreichende und objektive Aufklärung erfolgen.

Dabei ist der erste Schritt hin zu einer Cyborg-Gesellschaft bereits vollzogen. Unbeachtet und unauffällig tragen Technologie und künstliche Bau-

---

[156] idem, S. 276f

[157] Als bekanntes Beispiel dient hier der Autofahrer, der sein Auto steuern kann, ohne über die einzelnen Elemente des Motors Bescheid zu wissen.

steine bereits seit langem zum Leben bei, ergänzen und optimieren biologisches Material: Brillen, Herzschrittmacher, Kontaktlinsen, künstliche Gelenke sind aus einer industrialisierten Gesellschaft kaum mehr wegzudenken.

Die Öffentlichkeit schenkt diesen künstlichen "Handlangern" kaum mehr Beachtung: Nur tatsächlich spektakuläre wissenschaftliche Errungenschaften, die Macht besitzen, unser Leben in irgendeiner Form gezielt zu verändern, geraten in den Fokus des öffentlichen Interesses: Durch reißerische Slogans wie "Wenn Blinde sehen und Lahme wieder gehen", erhalten die technischen Hilfsmittel plötzlich den Status von Heil bringenden "Gotteswerkzeugen" und werden positiv beurteilt – auch wenn mögliche negative Folgen für den Organismus nicht abzuschätzen sind. Insbesondere die Schnelligkeit der Entwicklung im informationstechnischen Bereich trägt zur Schwierigkeit bei, die Folgen richtig abzuschätzen und zu bewerten.

4.6.4. Der Fortschritt der Informationstechnologie

Dabei ist ein Ende der rasanten Entwicklung der Computertechnologie kaum abzusehen. Zwischen 1965 und 1985 sanken die Preise für Computer um den Faktor 10.000, die Leistungsfähigkeit der Prozessoren erhöhte sich in derselben Zeit um den gleichen Faktor. Wenn man diese Zeitspanne erweitert und als konkretes Beispiel die Rechenleistung von Computern beobachtet, so stellt man fest, dass von den 50er Jahren bis heute die Optimierung der Rechenleistung einen Faktor von 10 Milliarden aufweist[158].

Es bleibt abzuwarten, wann mittels der gegenwärtigen Methoden der Sättigungseffekt erreicht wird, d.h. der Zeitpunkt, an dem die Leistung mittels traditioneller Technik nicht mehr verbessert werden kann.

Nach Michio Kaku[159] wird innerhalb der nächsten 20 Jahre eine explosionsartige Zunahme an wissenschaftlicher Tätigkeit erfolgen, die sich natür-

---

[158] Kaku, M., *Zukunftsvisionen*, 2000, S. 27
[159] idem

lich auch in der konstanten Verbesserung und Weiterentwicklung elektronischer Komponenten und Systeme niederschlagen wird.

Das Moore-Gesetz gilt noch immer: Es besagt, dass alle 18 Monate eine Verdoppelung der Computerleistung erfolgt. Hand in Hand mit dieser Weiterentwicklung geht die Fähigkeit, immer kleinere Transistoren in Siliziumwavers zu ätzen, um so die Leistungsfähigkeit der Rechner weiter voran zu treiben.

Dieses Gesetz, das insbesondere von Zukunftsvisionären wie Ray Kurzweil[160] als Beleg für seine fantastisch anmutenden Technikprognosen zitiert wird, kann jedoch nicht ohne weiteres extrapoliert werden: Die Prozessor-Technologie kann nicht unbegrenzt exponentiell wachsen, so dass innovative Methoden gefunden werden müssen, sollen EDV und Elektronikwissenschaft weiter perfektioniert, d.h. leistungsverbessert, werden. Da die Siliziumtechnik natürliche Grenzen aufweist, müssen also neue Möglichkeiten gefunden werden: Die Bandbreite reicht hier von optischen, molekularen und DNS-Rechnern bis zum Quantenrechner. Der Mikroprozessor wird von moderneren technischen Systemen abgelöst werden.

Der Abschätzung eventuell negativer Folgen der progressiven Technologisierung und ihrer Anwendungen wird von Seiten der verantwortlichen Politiker wenig Bedeutung zugeschrieben. Diese Behauptung spiegelt sich in konkreten Zahlen und staatlichen Geldern:

Auf 818,8 Mio. DM, die 1990 für die Förderung der Informationstechnik aufgebracht wurden, kamen nur 8,5 Mio. DM Förderungsmittel für die Technikfolgeabschätzung aller Technologien zusammen.

> "Bezogen auf die Folgen der Informationstechnik wurde also nur ein Bruchteil dieses eines Prozentes der Fördersumme ausgegeben, und dies vor allem für "nachsorgende", reparierende und akzeptanzschaffende Studien statt für vorsorgende Risikobewertung."[161]

---

[160] Kurzweil, S. 45ff

[161] Forschungs- und Informationsstelle des BdWi (FIB), *Ökologischer Umbau der Forschungs- und Technologiepolitik – Gedanken zu einer Neuorientierung*, Gutachten im Auftrag der Bundesfraktion DIE GRÜNEN, Marburg, 1990, zitiert nach: Barba-

In Anbetracht der Neuheit des Forschungsbereichs der Informationstechnik und der Unabsehbarkeit der Folgen ist diese Förderungssumme, die der heutigen entspricht, schlichtweg als unzureichend einzustufen. Insbesondere durch die Problematik der Technikfolgenabschätzung ergeben sich zahlreiche ethische Fragestellungen und Probleme, die im Folgenden betrachtet werden sollen.

---

ra Böttger, u. Gert Fieguth (Hrsg.), *Zukunft der Informationstechnologie*, 1992, S. 7f

5. Die philosophische Aufgabenstellung

> *"Die Technisierung mit ihren wachsenden Ambivalenzen schreitet fort, doch niemand verantwortet sie."*
>
> *Günter Ropohl*[162]

Krankheitsbekämpfung versus Enthumanisierung, Freizeit versus Massenarbeitslosigkeit, konstanter Informationsfluss versus Verlust der Privatsphäre und Aufhebung des Datenschutzes: Die Ambivalenz technischen und wissenschaftlichen Fortschritts definiert auch das ethische Problemfeld der Cyborg-Technologie. Moderne Kommunikationstechnologien wie das Internet führen den Menschen bereits über seine natürliche biologische Ausstattung hinaus. Die Grenzen zwischen Mensch und Maschine lösen sich in einem langsamen und fließenden Prozess auf. Die Entwicklung zum Cyborg vollzieht sich parallel zum Fortschritt und zur Verbreitung der Informationstechnologien. Eine Cyborg-Ethik muss deshalb die Fragestellungen und Bedenken aufgreifen, die die Integration der Kommunikationstechnologien in die Gesellschaft mit sich bringt.

Die Cyborg-Wissenschaft steht zum einen in Tradition des kontinuierlichen technischen Fortschritts: Wie schon anfangs beschrieben, entsprechen Cyborg-Komponenten in den Organismus integrierten und optimierten Werkzeugen. Zum anderen greift die Cyborg-Technologie damit direkt in die Biologie des Menschen ein. Dies bedeutet, dass sich eine Cyborg-Ethik nicht nur mit den Folgen des technischen Fortschritts beschäftigen muss, sondern auch hinsichtlich Fragen, inwieweit in natürliches Leben und Evolutionsprozesse eingegriffen werden darf, Stellung beziehen muss.

In dem Spannungsfeld konträrer Technikpositionen ist die Philosophie herausgefordert, Wissenschaft und Gesellschaft ein ethisches Grundgerüst im Sinne einer Evaluation des Fortschritts der Informationstechnologien zur

---

[162] Ropohl, G., Ethik und Technikbewertung, 1996, S. 57

Verfügung zu stellen. Bisher hat sich die Philosophie noch kaum mit spezifischen ethischen Fragestellungen beschäftigt, die die gegenwärtige fortschreitende Cyborgisierung des Menschen und der Gesellschaft provozieren.

Es muss betont werden, dass eine philosophische Stellungnahme zur Cyborg-Evolution nur in interdisziplinärer Zusammenarbeit mit bioinformatischen und juristischen Fakultäten entstehen kann: Risiken und Vorteile der fortschreitenden Technisierung unserer Lebenswelt müssen gegeneinander abgewogen werden, Rechte und Schutz des Einzelnen und der Gesellschaft müssen definiert und eine Vermittlerrolle zwischen Technikeuphorie und –pessimismus muss eingenommen werden.

Eine Cyborg-Ethik muss die notwendige Voraussetzung u.a. für die Beantwortung folgender Fragen liefern:

- Aufgrund der Polifunktionalität moderner Technologien können die Folgen dieser Entwicklungen nicht exakt abgeschätzt werden. Ist es gerechtfertigt, eine für eventuelle negative Folgen verantwortliche Person oder Institution zu definieren?
- Soll und darf technischer Fortschritt begrenzt werden, insbesondere dann, wenn die Folgen nicht abzuschätzen sind?
- Wie weit dürfen "natürliches Leben" und biologische Prozesse manipuliert werden?
- In wie weit gilt ein Cyborg als ethisches Subjekt, über dessen Belange geurteilt werden muss?

Isolierte Stellungnahmen aus den einzelnen Bereichsethiken (Technikethik, Medizinethik, Informationsethik etc.) decken dieses Problemfeld nicht zufriedenstellend ab. Positionen der angewandten sowie der deskriptiven bzw. der normativen Ethik müssen zusammengeführt werden. Eine Cyborg-Ethik kann so nur im wissenschaftlichen und philosophischen Dialog erarbeitet werden.

5.1. Informationstechnologie und Fortschrittskontrolle

Der soziologische Lösungsansatz Alexander Roßnagels zur Steuerung und Kontrolle der Entwicklung der Informationstechnologie[163] bietet einen akzeptablen Ausgangspunkt, der weiter zu entwickeln ist, da er aus aufzuzeigenden Gründen nicht praktisch umgesetzt werden kann. Laut Roßnagel muss ein Staat über bestimmte Fähigkeiten verfügen[164]: Zum einen über Erkenntnisfähigkeit, die ermöglicht, dass Technikauswahl und -gestaltung in Abhängigkeit von der Früherkennung und von der Prognose künftiger sozialer Risiken geschieht. Erkenntnisfähigkeit ist m.E. insbesondere in Hinblick auf die Technologie der Bioinformatik kein realistisches Kriterium, da gerade diese Wissenschaft an sich bereits ein soziales Problem darstellt, d.h. einerseits in ihrer ethischen und moralischen Dimension ambivalent betrachtet wird, andererseits aber auch insofern eine greifbare soziale Problematik widerspiegelt, da Techniken der Bioinformatik z.B. einer Elitenbildung Vorschub leisten, wie in 4.6. bereits gezeigt wurde. Die Diskussion über Erkenntnisfähigkeit, also die Möglichkeit, sozialen Problematiken, die sich als Konsequenz einer bestimmten Technologie ergeben, a priori zu begegnen, betrifft dabei Informationsgesellschaften[165], die sich dadurch charakterisieren, dass Information Haupthandelsware ist. Weitere Faktoren, die einer zuverlässigen Erkenntnis möglicher und zukünftiger

---

[163] Zwar kann im Prinzip die Bioinformatik unter die Kategorie einer Informationstechnologie subsumiert werden, jedoch agiert sie m.E. in einem anderen Handlungsraum, der sich in einer unterschiedlichen ontologischen und sozialen Relevanz aufspannt. So hat die Bioinformatik mit ethischen Problemen zu tun, die weit mehr als innerhalb der Informationstechnologie eine Spezifizierung der Lösungsansätze erfordern.

[164] Roßnagel, S. 71f

[165] Die Definition der Informationsgesellschaft von Brunnstein, [Brunnstein, ‚1991, *Lexikon der Informatik und Datenverarbeitung, 3. Aufl.*, S. 389] greift diese Problematik auf und entschärft sie gleichzeitig, indem er einerseits betont, dass die Auswirkungen moderner Informationstechnologien zwar oft kritisch belegt werden, andererseits jedoch Computertechnologien durchaus gesellschaftsgestalterische Möglichkeiten besitzen. So könne Information jedermann zu jedem Zeitpunkt unter seiner eigenen Verantwortung zugänglich gemacht werden, wobei in einer derartigen Gesellschaft Information einen bedeutenden Stellenwert inne hätte.

gesellschaftsrelevanter Probleme entgegenstehen, sind nach Roßnagel[166] die rasante Weiterentwicklung der Technik, deren Multifunktionalität, die zukünftige Anwendungsgebiete nicht eng bestimmt und begrenzt, die komplexen Wechselwirkungen zwischen Technik und Gesellschaft sowie die Langzeitwirkung und Spätfolgen technischen Einsatzes.

Die Lernfähigkeit, die Roßnagel als weitere Voraussetzung für eine kontrollierte Entwicklung von Technik und Technologie fordert, ergibt sich fast zwingend aus der eingeschränkten a priorischen Erkenntnisfähigkeit. Das Lernen aus vergangenen Fehlern ist auch insofern wichtig, dass fehlgeschlagene Entwicklungen hohe finanzielle Verlusten nach sich ziehen. Gewinnbringendes Lernen im Sinne einer Weiterentwicklung des Wissens wird durch die Möglichkeit technischer Alternativen unterstützt. Dass dies eine Forderung mit weitreichenden Folgen ist, zeigte vor ca. 1 Jahr das "Jahr 2000 Computerproblem": Hier wurde deutlich, in welch ausgeprägtem Abhängigkeitsverhältnis sich unsere Gesellschaft zu elektronischen Systemen befindet, ohne dass technische Alternativen spontan zur Verfügung stehen würden.

Laut Roßnagel müssen technische Entwicklungen dadurch korrigierbar bleiben, dass Alternativen gefunden werden, sollte die Grundvoraussetzung für jede Forschertätigkeit sein, ist in der Praxis jedoch kaum in diesem Ausmaß, u.a. auch wegen des meist beschränkten finanziellen Budgets der Forschungsinstitutionen, durchführbar. Hier operiert auch der Gedanke bzw. das Wunschdenken, dass funktionierende Systeme auch weiterhin funktionieren werden und somit nicht Kosten und Mühen aufgebracht werden müssen, Ersatzmethoden zu erforschen.

Die weitere Forderung Roßnagels, dass das erforderliche Zukunftswissen in organisierten Verfahren an die Öffentlichkeit vermittelt werden sollte, da aufgrund der Langfristigkeit und Komplexität der Folgen der Technik nicht auf spontane Erfahrungsbildung vertraut werden kann, scheitert ebenso an der Realität: Die breite Öffentlichkeit besteht aus Endabnehmern, die prinzipiell keine weiteren Informationen über gezielte Anwendungsdaten hin-

---

[166] Roßnagel, S. 71

aus erhalten oder auch nicht an profunden Informationen über den bloßen Gebrauch hinaus interessiert sind. Wenn Technik jedoch auf Akzeptanz auch außerhalb enger Wissenschaftszirkel stoßen soll, müssen ihre Prinzipien und Methoden tatsächlich jedermann zugänglich und, wenigstens im Groben, verständlich sein.

Die geforderte Steuerungsfähigkeit der Technik trifft in Relation zur Bioinformatik auf erhebliche Schwierigkeiten: Bioinformatik zeichnet sich u.a. dadurch aus, dass eine Symbiose zwischen biologischen und elektronischen Systemen eingegangen wird, die so ein komplexes System bilden. Jeder Systemzustand ergibt sich aus komplexen Wechselwirkungen seiner Bestandteile, wobei diese nicht nur untereinander, sondern auch mit der Umwelt Verbindungen eingehen. Emergentes Verhalten als Eigenschaft eines solchen Systems ist nicht steuerbar.

Hier zeigt sich, dass in der Diskussion um die Weiterentwicklung und Anwendung informationstechnischer Methoden über das Aufstellen eines theoretischen Forderungskatalogs hinausgegangen werden muss. Roßnagels politische Forderungen nach Erkenntnis- und Lernfähigkeit sind als vernünftiger Ausgangspunkt für eine ethische Weiterentwicklung zu werten, bei dem auch andere Autoren, z.B. Steinmüller, in ähnlicher Weise ansetzen. Jedoch müssen diese politisch-soziologischen Forderungen mit anderen Lösungsansätzen der angewandten Ethik zusammengeführt werden, um der ethischen Problematik des informationstechnologischen Fortschritts begegnen zu können.

5.2. Praktische ethische Probleme

Ethische und moralische Werte sind dynamisch, d.h. sie ändern sich mit den Umweltbedingungen, die sich ebenfalls in einem konstanten Entwicklungsprozess befinden. Der Übergang von rein organischen Lebewesen zu bionen Systemen, zu Cyborgs, vollzieht sich graduell. Der oft in der Bevölkerung entstehende Eindruck revolutionärer Errungenschaften in Medizin und Neuroinformatik, ist größtenteils auf unzureichende Information der Bürger zurückzuführen, bedingt durch mehrere Faktoren: Zum einen erwecken nur spektakuläre Errungenschaften das öffentliche Interesse in den Medien, zum anderen berichten die Massenmedien meist nur über diejenigen Ereignisse, denen sie diese publikumsziehende Wirkung zuschreiben. Fachzeitschriften und Newsgroups-Artikel erreichen ein weitaus geringeres Publikum. Folge ist, dass die kleineren Erfolge, die den Weg zum großen technisch-medizinischen Durchbruch bereiten, meist nur in Kenntnis eines engen, besonders interessierten Fachkreises geraten. Eine neue Technologie entsteht also langsam und ist Folge eines oft langwierigen Versuchsstadiums bzw. *trial and error-* Prozesse.

Die erzielten Resultate sind somit Frucht eines konstanten Wissens-Akkumulierungsprozesses. Unser Wertkonzept und unsere ethischen Normen adaptieren sich stufenweise an den ebenso schrittweise gewachsenen Realisierungsraum technischer Möglichkeiten.

Ähnlich argumentiert der Philosoph Gerhard Vollmer, der darauf hinweist[167], dass die sogenannte Computerrevolution insofern keine Revolution im eigentlichen Sinne des Wortes[168] darstellt, da sie bereits Jahrzehnte andauert.

Eine innovative Methode oder Technologie bewirkt somit keinen plötzlichen Paradigmenwechsel. Vielmehr verstärken neue technische Errungenschaften und Erkenntnisse bereits bestehende Tendenzen hin zur Stabilisierung oder zur Änderung von Gesellschaftsregeln und ethisch-moralischen Standpunkten. Hans-Dieter Mutschler fasst diesen Gedanken in diesen Worten zusammen:

"Techniker sind Trendverstärker, keine Trendsetter."*[169]*

Sowohl die Philosophie als auch die Rechtswissenschaften verpassen oft den Einstieg in neue Entwicklungen: So hinken beide Fachgebiete in ihren Anschauungen dem aktuellen Stand der technischen Möglichkeiten hinter-

---

[167] Spektrum der Wissenschaft, 10/2000, S. 72ff
[168] Seebold, S. 684: "Umwälzung"
[169] Mutschler, S. 82

her. Weder Philosophie noch Recht können so als Stütze und Orientierungshilfe im oft problematischen Entscheidungsprozess pro oder kontra der Anwendung bestimmter Technologien dienen. Das diese zeitliche Verzögerung bis zum Moment einer gültigen Gesetzgebung und gut durchdachten philosophischen Position die Bevölkerung verunsichert, beweist z.B. Billy Joy, der Technologie-Berater Bill Clintons. Er fordert ein Moratorium[170], das die Einstellung von Forschungen im Robotikbereich fordert. Durch dieses Moratorium soll die Entwicklung von sich selbst reproduzierenden Superrobotern[171] verhindern werden.

Wenn hier bereits eine philosophische und rechtliche Diskussion stattgefunden hätte, wäre eine sachliche Grundlage für weitere Debatten vorhanden.

5.2.1. Wissen ist Macht

Prinzipiell stellen Moratoria ein Analogon zu ad hoc produzierten Beschlüssen, Vereinbarungen oder Erlassen wie die im Folgenden dargestellte Magna Charta des Cyberspace dar: Aus akutem Leidensdruck und Handlungszwang entstehend, spiegeln Satzungen von Gemeinschaften wie die Magna Charta konkrete Ängste und Bedürfnisse einer spezifischen Bevölkerungsschicht wider, die von aktuellen Entwicklungen und politischen Wissenschaftsentscheidungen direkt und akut betroffen ist. Dieser Populationsextrakt gilt für die restliche Bevölkerung als stellvertretend aufgrund seiner direkten Betroffenheit und der daraus resultierenden Kenntnis der Sachlage. Wie die Online Magna Charta[172] stellen derartige Verlautbarungen einen Querschnitt durch die Situationsproblematik und ein wichtiges Erkenntnisinstrument der reziproken Beziehung zwischen Mensch und Technologie dar.

Diese wechselseitige Beziehung wird vor allem in den uns konstant umgebenden Informationsfluss deutlich. Erst, wenn dieser Informationsfluss ge-

---

[170] Spektrum der Wissenschaft, 10/2000, S. 73ff
[171] Superroboter, die aufgrund ihrer Überlegenheit die Weltherrschaft übernehmen.
[172] http://sem.lipsia.de/charta/d/chartad.htm#charta

stört wird, erkennen wir unsere physische und psychische Abhängigkeit von einem konstanten Feedback aus unserer Umwelt. Fehlt dieses Feedback, so konstruiert unser Nervensystem eine virtuelle Realität, die in keiner Abhängigkeit von aus dem externen Medium stammenden sensorischen Daten steht: Wir halluzinieren. "Information. Macht. Krieg.", so lautete das Thema der Linzer ARS ELECTRONICA von 1998, dem jährlichen, zukunftsweisenden Computerfestival in Österreich. Wer Macht über Information und ihre nationale und internationale Administration und Distribution besitzt, hält damit die Möglichkeit einer Manipulation der Weltbevölkerung inne. Informationen können kontrolliert, zensiert, zurückgehalten und verfälscht werden, dies alles nicht ohne Auswirkung auf das aus diesem Informationsmaterial entstehende Weltbild und die politisch-gesellschaftliche Meinung. Der Freiheitskämpfer Wei Jincheng verdeutlicht die Gefahren einer ausgedehnten Informationsmacht:

> "Mit den Veränderungen, die die Informationstechnologien der Gesellschaft aufzwingen, kommt auch eine neue Form der Kriegsführung auf die Menschheit zu – der Informationskrieg, der seinerseits zu revolutionären Veränderungen im militärischen Bereich führt. Wollen wir die Tragweite dieser umwälzenden Veränderungen verstehen, müssen wir uns sowohl mit der Transformation der Art und Weise, wie Kriege geführt werden, als auch mit dem Wesen des Krieges an sich auseinandersetzen und einen neuen Begriff entwickeln, nämlich den Begriff des Volksinformationskrieges, denn sonst können wir nicht verstehen, in welchen Bereichen diese Revolution genau stattfindet."[173]

Das Internet ist auf dem Weg zum Informationsmedium Nummer 1 und spielt bereits heute eine wichtige Rolle. Die Risiken, die die unkontrollierte Möglichkeit einer uneingeschränkten Informationsbeschaffung[174] mit sich bringt, konzentriert Steinmüller in der Aussage:

---

[173] Jincheng, W., Der Volksinformationskrieg, in: Macht. Information. Krieg., 1998, S.92

[174] wie in prinzipiell unbegrenzten und ungefilterten Informationssystemen wie dem WWW

"Information ist potentielle Macht. Informationelle Machtmehrung des einen ist Machtminderung des anderen."[175]

Die gesellschaftliche Bedrohung des sich entwickelnden Informationsmonopols in Relation mit dem Internet stellt auch in Diskussionen insbesondere versierterer bzw. erfahrener User ein relevantes Thema dar.

In einer Online magna Charta des Cyberspace[176] stellen Anwender als Gegenmaßnahme zum sich ausweitenden gesetzlichen Niemandsland des Internets einen internationalen Forderungskatalog auf, der ihre Rechte (im Sinne allgemeiner Cyborg-Rechte mit allumfassender Gültigkeit, analog zu den Menschenrechten) bewahren soll. Eine grundlegende Forderung der User ist das Recht auf umfassende und freie Information ohne Zensur und Kontrolle. Sie verlangen für die komplette Bevölkerung den Zugang zu modernen Informationstechnologien. In der Magna Charta setzen Endanwender einen eigenen ethischen Rahmen und stellen jene Forderungen, die sich im Umgang mit dem Informationsmedium Internet als sinngemäß erwiesen. Dies ist die praktische Umsetzung des Subsidiaritätsprinzips, wie es unter Punkt 6.4 vorgestellt wird.

Doch auch Personen, die zum gegenwärtigen Zeitpunkt noch nicht in moderne Technologie-Systeme eingegliedert sind und die nicht beruflich oder privat von modernen Informations- und Kommunikationssystemen Gebrauch machen, sind indirekt durch die fortschreitende Digitalisierung unserer Lebenswelt betroffen.

Die konkreten Gefahren, die sich für Privatperson aus der Vernetzung von Informationssystemen ergeben, werden im Folgenden beschrieben. Es wird gezeigt, dass moderne bioinformatische Überwachungsmethoden in der Tradition der Fahndungs- und Überwachungssysteme der 80er Jahre aus den polizeilichen Anfängen der Informationstechnologie stehen.

---

[175] Steinmüller, S. 463
[176] http://sem.lipsia.de/charta/d/chartad.htm#charta

5.2.2. Überwachungssysteme

George Orwells Big-Brother-Vision des durchleuchteten und durchgehend beobachteten Bürgers wurde erstmals in Kontrollsystemen des vergangenen Jahrhunderts wie Abhörgeräten und Wanzen, Minikameras, blinde Spiegel und Videoüberwachungen realisiert. Diese Überwachungssysteme werden im Cyborg-Zeitalter von digitalen Agenten[177] für Identifizierungs- und Überwachungsprozesse abgelöst. Diese Agenten nehmen nicht visuelle oder auditive Daten auf[178], sondern arbeiten mit modernen informationstechnologischen Methoden.

Ein bereits seit langem verwendetes und nicht in unserem Sinne als digital zu bezeichnendes Verfahren ist die Identifikation mittels Fingerabdrücke. Doch die Kombination bekannter Verfahren mit neuer Technologie ermöglicht es, aus einfachen Methoden ausgefeilte Erkennungssysteme mit maximaler Spezifität zu konstruieren: Die Koppelung traditioneller Datenbanken in einem polizeilichen Zentralcomputer, der Fingerabdrücke verdächtiger Personen gespeichert hält, mit Datenbanken anderer staatlicher oder privater Organisationen wie z.B. Krankenhäuser, Schulen, Flughäfen, etc. ermöglicht eine weitaus bessere Kontrolle und somit erhöhte Sicherheit als Systeme bieten, die nur internen Datenaustausch via Intranet (z.B. von Polizeicomputer zu Polizeicomputer) betreiben.

Von den positiven Konsequenzen einer derartigen Vernetzung von Datenträgern nicht zu trennen sind jedoch auch Diskussionen um die Sicherheit der Privatsphäre bzw. des Datenschutzes des Einzelnen: Am negativen Extrem der Folgen hochentwickelter Kommunikationssysteme steht die Möglichkeit der totalitären Kontrolle des Individuums. Der durch eine solche Vernetzung mögliche Zugriff auf die Daten eines Individuums kann zu Missbrauch führen. Kreditkartenbetrug im Internet ist ein Beispiel der ne-

---

[177] Unter dem Begriff *digitale Agenten* sind all jene elektronisch gesteuerten Einheiten zu subsumieren, die individuelle Daten jeder Art mit intern oder extern gespeicherten Fremddaten abgleichen: Die Endgeräte werden jedoch meist nicht über intern abgespeicherte Datenbanken verfügen, sondern über Netzwerkverbindungen auf extern abgelegtes Informationsmaterial zurückgreifen.

[178] und vergleichen so z.B. eine Person mit einem Fahndungsfoto

gativen Aspekte und der Gefahren eines solchen perfektionierten Informationsaustauschs.

In den 80er Jahren wurden Überwachungssysteme eingesetzt, die im Vergleich zu heutigen technisch möglichen Apparaturen primitiv erscheinen und dennoch effektive und vollständige Kontrolle und Registrierung bestimmter Personen garantieren, die aufgrund ihrer Zugehörigkeit zu einer bestimmten Zielgruppe die Erfassung und Sicherung der benötigten persönlichen Daten erlauben.

So beschreibt z.B. Wolfgang Schimme[179] bereits im Jahre 1985 Personalinformationssysteme wie PEDATIS bei VW oder TERPERS bei IBM, die allgemein benutzt wurden. Er greift u.a. auf eine Untersuchung aus dem Jahre 1978 (!) zurück, die ergab, dass von den 220 umsatzstärksten Unternehmen in der BRD bereits 67 Firmen Personalinformationssysteme aufgebaut hatten, die bereits die Daten von 1,3 Millionen Arbeitern speicherten. Diese Zahlen verdeutlichen:

- die Verwendung von Computertechnologie seit den Anfängen der Informatik zur Personenüberwachung und -kontrolle
- den Bedarf an elektronischer Datenverwaltung
- sowie die Notwendigkeit der Systemoptimierung in Hinblick auf die soziale Wirkung.

Die verwendeten Systeme zeichnen sich zwar im Allgemeinen durch eine akzeptable Effektivität aus, bedeuten jedoch, dass die zu registrierende Person freiwillig ihre Daten preisgibt bzw. deren Erfassung zustimmt und durch die Allgegenwärtigkeit der Kontrollmittel (deutlich sichtbare, externe Chip- und Stempelkarten, Überwachungsgeräte etc.) sich der *möglichen* Überwachung stets bewusst bleibt. Somit ist die Anwendbarkeit und die Bandbreite des Einsatzes im Vergleich zu versteckten elektronischen Geräten (Wanzen, Kameras) eingeschränkt.

---

[179] Schimmel, W., *Personalinformationssysteme- die elektronische Mitarbeiterbetreuung,* in: Apitzsch, Briefs, Drinkuth, Heller, Schimmel, Schmitz, Wohlgemuth, u. Wolter (Hrsg.), *Im Schatten des grossen Bruders,* 1985, S. 93ff

Der Vorteil von Identifikationsmethoden wie Fingerabdrucks- oder Genanalysen liegt jedoch in der Zuverlässigkeit, mit der eine (und nur diese eine) Person identifiziert wird. Diese Daten können kaum verfälscht werden. Die Methoden, die zur polizeilichen Kontrolle dienen, können jedoch z.B. auch in der Alten-, Kleinkinds- und Krankenpflege eingesetzt werden, um eine konstante medizinische Überwachung zu gewährleisten. Doch auch außerhalb des medizinischen Bereichs sind wir ständig darauf angewiesen, unsere Identität zu beweisen. Im Alltag geschieht dies (noch) nicht durch bioinformatische Methoden wie Genanalysen, sondern durch externe Identifizierungsmittel wie Ausweise, Chipkarten, etc.

Es liegt nahe, nach Methoden zu suchen, die eine schnelle und spezifische Identifizierung einer Person erlauben, ohne aufwendige und zeitkostende Apparaturen benutzen zu müssen. Personalausweis, Führerschein, Sozialversicherungsausweis, Geheimzahl der Kreditkarten, Passwörter und Codes vom Kaffeeautomat in der Firma bis zum Internetbanking am heimischen PC sind als eine Art arbeitsteilige Identifikationsmaßnahmen zu sehen: Hier bestimmt die Summe der Teile die Person. Bildlich gesprochen besteht ein Individuum nun aus einer Vielzahl von Nummern und Codes, wobei der Besitz, also das Wissen um diese Kennzeichen, die Macht über die Identität der Person bedeutet: Allein die Geheimzahl einer EC-Karte bedeutet Blockade oder Freigabe zum (materiellen) Besitz einer Person- an EC-Automaten ist beispielsweise nicht einmal mehr eine Unterschrift erforderlich. Jedoch wird bei jedem Vorgang des Geldabhebens an EC-Geräten unbemerkt ein Foto der Person hergestellt.

Insbesondere der elektronische Zahlungsverkehr trägt einen wesentlichen Teil zur vollständigen Überwachungsmöglichkeit des Individuums bei: Aus Sciencefiction-Filmen und aus amerikanischen Polizeiberichten bekannt sind die Szenarien, in denen der Verbrecher (oder das gejagte Opfer) nicht umhin kommt, überall dort, wo er in Kontakt mit seiner Umwelt tritt, Spuren zu hinterlassen: Während in Europa der elektronische Zahlungsverkehr noch auf dem Wege ist, das bevorzugte und vorherrschende Zahlungsmittel zu werden, trifft dies in den USA schon seit geraumer Zeit zu. Der *virtuelle Zahlungsvorgang* ermöglicht die durchgehende Überwachung des Anwenders durch die Erfassung des Aufenthaltsorts sowie seiner Aktivitäten und Präferenzen etc. So kann die Person als Ganzes mit ihren Gewohnheiten vollständig erfasst und durchleuchtet werden. Diese Abhängigkeit von Codes, die dem Menschen zugewiesen werden und die er z.b. auf einer Chipkarte extern bei sich trägt, birgt viele Gefahren. Über "menschliche" Missgeschicke wie Verlieren und Vergessen oder Materialschäden an den externen Datenträgern hinaus, öffnet auch der Einsatz insbesondere im Internet kriminellen Aktivitäten die Türe: Unerlaubte Abbuchungen von Fremdkonten durch Missbrauch von preisgegebenen Bankdaten bis hin zu getürkten Versteigerungen und Verkäufen, die virtuell Ware, die ebenso virtuell ist[180], anbieten und verkaufen.

Zusammenfassend lässt sich also feststellen, dass, während elektronische Identifikations- und Überwachungssysteme immer weiter in unser alltägliches Leben vordringen und teilweise bereits alleinige, die *Person als solche* legalisierende Authentizitätsfaktoren ausmachen, auch der Missbrauch durch unausgereifte Sicherheitssysteme und inkompetente Anwendung zunimmt.

In den USA ist im Strafvollzug das so genannte *Electronic Supervision Program* bereits eine regulär angewandte Methode, um Straftäter, die unter Hausarrest stehen und so ihre Strafe abbüßen, mittels moderner Computertechnologie zu überwachen[181]. Am Körper der Kriminellen werden Sensoren angebracht, die über ein Modem ständig mit der Überwachungszentrale in Verbindung stehen: Sobald sich der Verurteilte zu weit in einer vorher programmierten Distanz vom Sendegerät entfernt, wird in der Zentrale Alarm ausgelöst.

Doch diese Methoden der digitalen Überwachung konzentrieren sich nicht nur auf den Strafvollzug sondern finden auch im außergerichtlichen Maßnahmen Verwendung: So wird in Japan bereits das EEG von Personen, die gefährliche Maschinen bedienen, durch entsprechendes medizinisches E-

---

[180] nämlich nicht existent

[181] vgl. Rötzer, F., *Grundlagen einer neurotechnologischen Ethik*, in: Maar, C., Pöppel, E., Christaller, T., (Hrsg.), S. 371f

quipment kontrolliert. Wenn eine Verminderung der Hirnaktivität auf Unaufmerksamkeit oder Ermüdung hinweist, schalten sich die Maschinen, die der Arbeiter bedient, selbsttätig ab[182]. Der nächstfolgende logische Schritt in der Tradition der technischen Entwicklung hin zur Vereinfachung ist das Verlegen der externen Schnittstelle Mensch-Maschine in den Organismus. Diese Möglichkeiten wurden in dieser Arbeit unter 3.5. bereits beschrieben.

Die Philosophie muss sich nun den aktuellen technologischen Entwicklungen stellen und ein zuverlässiges ethisches Fundament errichten, auf dem sich der technische Fortschritt zum Wohl der Menschen weiter entwickeln kann.

5.3. Lösungsansätze

Zunächst gilt es, die Diskussion um das Verhältnis des Menschen zu aktuellen und zukünftigen Entwicklungen aus dem Bereich der KI und KL auf sachlichen Boden zurückzuführen: Viele publikumswirksame Zukunftsprognosen insbesondere amerikanischer Autoren wie dem Physiker George B. Dyson[183] oder dem Biologe Gregory S. Paul[184] deuten auf eine Welt, in der autonome Maschinen die Herrschaft über die Menschen übernehmen. Diese beängstigende Vision von selbstständigen und herrschsüchtigen Maschinenwesen wird in andere technologisierte Bereiche projiziert, so dass eine grundlegende Misstrauenshaltung gegenüber elektronischen und Informations-Systemen entsteht. Dies erschwert ein rationales Durchdenken möglicher Folgen und Probleme des Technikfortschritts.

5.3.1. Koexistenz von Mensch und Maschine

Um derartigen Bedrohungen durch autonome Maschinen und entmenschlichten Cyborgs zu begegnen, wird versucht, die Entwicklung von künstli-

---

[182] idem, S. 372
[183] Dyson, G.B., *Darwin among the machines*, 1997, S. 193ff
[184] Paul, G.S., Beyond humanity: Cyberevolution and future minds, 1996, S. 338ff

chen Systemen in Abhängigkeit ihrer Wirkung auf das menschliche Leben zu stellen.

Wilhelm Steinmüller führt unter dem Gesichtspunkt des sozialen Miteinanders von Mensch und Maschine das Metakriterium der Konvivialität[185] an. Seiner Definition nach umfasst der Begriff:

> "...die (Meta-)Eigenschaft von Informationssystemen, dann der technikunterstützten Gesellschaft, bei einander widersprechenden Kriterien zu einem auch in Zukunft menschen- und "natur"freundlichen Verhalten beitragen zu können."[186]

Der (informations-)technologische Fortschritt soll stets unter der Prämisse der Humanität[187] stehen. Dieses Metakriterium basiert auf drei Zielkriterien einer konvivialen Wissenschaft. Diese Zielkriterien fordern, dass eine Wissenschaft folgendermaßen vorgehen muss:

- sozial, im Sinne von selbstbegrenzend
- anthropologisch, d.h. sie muss auch zukünftig auf das Fortbestehen und die Selbsterhaltung der menschlichen Art gerichtet sein
- ökologisch begründet, d.h. sie muss den Schutz und den Erhalt der Bio- und Ökosphäre berücksichtigen.

Innerhalb dieses Forderungskatalogs können sich Kriterien in allen Phasen der Einführung, der Anwendung und der Veränderung der Informationstechnologie widersprechen, d.h. sich gegenseitig blockieren. So können sich mehrere Alternativen technologischer Entwicklung und Anwendung ergeben.

Diese Alternativen können in einer konvivialen Gesellschaft, die sich in ihrem Umgang mit Technik und Technologie an folgenden technikrelevanten Prinzipien orientiert, gegeneinander abgewogen werden:

- Das Prinzip der sozialökologischen Gestaltung: Die materialen Prinzipien der Sozialökologie dürfen nicht verletzt werden.

---

[185] Lateinisch convivere = zusammenleben
[186] Steinmüller, S. 608f

- Das Prinzip der rationellen Gestaltung oder des minimalen gesellschaftlichen Aufwands: Die sozialökologische und demokratische Gestaltung der Informationstechnologien muss von der Gesellschaft auch unter der Randbedingung abnehmender Ressourcen leistbar sein.
- Das Prinzip der demokratischen Beteiligung: Es muss demokratisch über individuelle Informationssysteme wie über allgemeine sozialökologische Gestaltungskriterien entschieden werden, da ohne Selbstbegrenzung eine brauchbare Übereinkunft nicht zustande käme.
- Das Prinzip der Selbstbegrenzung: O.g. drei Prinzipien funktionieren nur unter der Voraussetzung, dass alle Teilsysteme der Gesellschaft (Personen, Gruppen und Institutionen und ihre Hilfssysteme) nicht unkontrolliert degenerieren, d.h.: zur Selbstbeschränkung fähig und willens sind.

Steinmüller fasst die aufgeführten Prinzipien so zusammen:

"Im Zweifel ist dasjenige System vorzugswürdig, das sich auf Dauer konvivialer auswirkt."[188]

Letztgenanntes Kriterium soll m.E. nicht nur *im Zweifel*[189], sondern prinzipiell gelten, da es m.E. unabdingbare Voraussetzung für einen humanen Technikfortschritt ist. Dies macht die Untersuchung einer jeden technischen Entwicklung auf das Kriterium der Konvivialität hin erforderlich, selbst in dem Falle, in dem keine technische Alternative zur Verfügung steht. Auf der anderen Seite bedeutet die Einschätzung der Konvivialität eines Systems eine erfolgreiche Beurteilung der Technikfolgen. Dies ist jedoch, wie noch ausgeführt wird, bei steigender Systemkomplexität immer schwieriger.

---

[187] im Sinne von: dem Menschen nicht schadend
[188] Steinmüller, S. 608f
[189] Hier muss noch in interdisziplinärer Diskussion festgehalten werden, ab welcher Risikowahrscheinlichkeit eine technische Anwendung abzulehnen ist.

Steinmüllers Ansatz ist ein akzeptabler Ausgangspunkt für eine Informationsethik, jedoch muss über diese genannten Kriterien hinausgegangen werden: Insbesondere das Prinzip der Selbstbegrenzung ist als solches nicht ausreichend definiert. Hier wird eine Ergänzung durch eine Vertragsethik auf sowohl individueller, als auch auf Gruppen-, Institutions- und Staatsebene vorgeschlagen.

Regelungen zum Technikfortschritt und zur Weiterentwicklung der Informationstechnologie insbesondere müssen durch Verträge zwischen verantwortungstragenden Subjekten geregelt und durch Institutionen und Behörden durchgesetzt werden. Eine Ethik, die sich auf dem Prinzip der Selbstbegrenzung bzw. der Eigenverantwortung gründet, muss an irgendeiner Stelle auf gemeinschaftlich definierten Kriterien beruhen: So kann einer Verantwortungsübertragung des Einzelnen an übergeordnete und anonyme Stellen entgegengewirkt werden.

5.3.2. Technikfolgenabschätzung und Verantwortung

Durch die Polifunktionalität von Technik und Informationstechnologie wird eine eindeutige ethische Position im Sinne einer Verantwortbarkeitsthese jedoch erschwert. Das einzelne Subjekt kann nur insoweit ethisch und rechtlich verantwortlich für die Folgen seines Handelns sein, insoweit diese Folgen abschätzbar sind. Im Rahmen der Globalisierung und durch moderne Informationstechnik wie dem Internet begünstigt, bilden sich supranationale Zusammenschlüsse: Hier ist ein ethisches und rechtliches Prinzip erforderlich, welches die Einzelstaaten nicht ihrer Verantwortung für die Folgen technologischer Weiterentwicklung und ihrer Anwendung entbindet. Insbesondere Probleme in Relation mit der Verantwortung für den Inhalt von Web-Seiten verdeutlichen die Schwierigkeit, in einem grenzüberschreitenden Raum (in diesem Fall: das Internet) nationale Gesetze gültig zu machen.

Um der Problematik der Durchsetzung internationaler Gesetze entgegenzuwirken[190], bietet sich die Integration des Subsidiaritätsprinzips in das zugrundeliegende philosophische Konzept der Eigenverantwortung jedes Subjekts an: Normen, Regelungen und Gesetze sollen dort entwickelt werden, wo sie letztlich Anwendung finden. Mit dem Subsidiaritätsprinzip als Grundlage kann so eine wissenschaftliche Neugierlizenz unter der ethischen Norm der Eigenverantwortlichkeit greifen: Jedes Subjekt[191] hat das Recht, seinem wissenschaftlichen Interesse nachzugehen, solange nicht Recht und Freiheit eines anderen Subjekts dadurch beschnitten werden[192]. Der Forscher ist hier soweit für sein Tun zur Verantwortung zu ziehen, inwieweit er die Folgen seines Handelns abschätzen kann. In diesem Sinne unterstehen auch Konstrukteure, Verkäufer, Geldgeber und schließlich der Endanwender ihrer eigenen Verantwortung und sind zur Rechenschaft für ihr Handeln zu ziehen. Die genaue Tragweite der Eigenverantwortlichkeit des Subjekts soll in Verträgen zwischen den beteiligten Parteien festgehalten werden.

Wenn so die Bedingungen der technischen Integration in das menschliche Umfeld definiert sind, lassen sich die anderen Konvivialitätskriterien Steinmüllers leichter durchsetzen. So sind die Prinzipien der sozialökologischen und der rationellen Gestaltung haltbar, das Argument der demokratischen Beteiligung sollte jedoch auf die Forderung nach dem gleichberechtigten Zugang aller Interessierten zu technischen Hilfsmittel und Informationsmedien erweitert werden. Denn eine demokratische Entscheidung über Anwendung und Gebrauch setzt voraus, dass die Entscheidungsträger über das zur Entscheidung notwendige Wissen verfügen.

---

[190] Juristische Fragen, die sich hier auftun, sind z.B.: Wer erlässt diese Gesetze? Wer überwacht für ihre Durchsetzung? Nach welchem Recht werden Verstöße gegen diese Gesetze geahndet?

[191] Der Begriff des Subjekts umfasst hier auch Zusammenschlüsse wie Institutionen, Firmen, Staaten etc.

[192] Eine exakte Definition der Begriffe Recht und Freiheit in Hinblick auf technische Risiken wäre in einer Arbeit, die sich insbesondere mit den ethischen und rechtlichen Aspekten der Technikentwicklung beschäftigt, noch auszuhandeln.

Unter Berücksichtigung der Arbeitshypothesen Steinmüllers[193] kann davon ausgegangen werden, dass die informationstechnologischen Auswirkungen[194] mehrdimensional verursacht sind und auf einer relativen Eigengesetzlichkeit[195] der Technik beruhen.

Rolf Kreibich[196] weist auf die neue, interdisziplinäre Form der Zusammenarbeit in der Kybernetik ihn: So entwickeln sich dynamische Zusammenhänge und Konstellationen unterschiedlicher Wirkfaktoren und Bewertungssysteme, die neuartige und somit unvorhersehbare Folgen nach sich ziehen können.

Unvorhersehbare Folgen sind jedoch nicht mit dem Prinzip der Eigenverantwortung fassbar. Diese Schwierigkeit der Technikfolgenabschätzung und der Verantwortungszuschreibung lässt sich mit dem bereits erwähnten Subsidiaritätsprinzip begegnen: Es werden direkt an den Stellen, die technische Konsequenzen durch ihre Unmittelbarkeit abschätzen können, Kompensationsschritte eingeleitet, wobei diese Stellen die Verantwortung dafür übernehmen, dass Gefahren und negative Folgen tatsächlich kompensiert werden. Dies wäre im Zuge einer Kontraktethik vertraglich zu regeln.

Doch auch menschliches Moralempfinden beruht äquivalent zur Dynamik im Prozess der technischen Folgenerkennung auf einer flexiblen und adaptativen Wertfindung, die in Relation zu bereits erzielten und konkret abschätzbaren Konsequenzen einer konkreten technischen Fortschrittstendenz steht. In Anlehnung an Klaus Mainzer[197] kann davon ausgegangen werden,

---

[193] Steinmüller, S. 419ff

[194] Unter *informationstechnologische Auswirkungen* werden hier ebenfalls die Konsequenzen einer fortschreitenden Ergänzung des menschlichen Körpers durch künstliche und technische Komponenten subsumiert

[195] Dieser Begriff der Eigengesetzlichkeit wird in anderer Form auch in Günter Ropohls Vorstellung der Techniksteuerung formuliert: "Wenn die Technikgenese nicht ein einzelnes "Subjekt" besitzt, sondern von einer Vielzahl von Akteuren betrieben wird, dann kann man auch kaum auf den Gedanken verfallen, dieser komplexe Prozess könnte von einem einzelnen Steuerungssubjekt regiert werden": Ropohl, S. 277

[196] Kreibich, R., Die Wissenschaftsgesellschaft: Von Galilei zur High-Tech-Revolution, 1993, S. 357

[197] Mainzer, K., Computer- Neue Flügel des Geistes?, 1994, S. 781

dass ethische Fragestellungen im Sinne der Definition des moralisch Guten, Gerechten und Vernünftigen von der jeweils in dieser Epoche gültigen "Philosophie der Natur und des Menschen" abhängig sind. Somit sind Werturteile dem steten Wandel in Abhängigkeit des jeweiligen *Zeitgeists* unterzogen.

Wie sieht es nun konkret mit der Eigenverantwortlichkeit von Wissenschaftlern und Anwendern aus?

> "Das innere Principium der Welt aber ist die Freiheit. Die Bestimmung des Menschen ist also, seine größte Vollkommenheit durch seine Freiheit zu erlangen. [...] Der allgemeine Zweck der Menschheit ist die höchste moralische Vollkommenheit."[198]

Die Vorstellung der individuellen Moral mit größtmöglichem individuellen Handlungsfreiraum greift auch heute noch in Situationen, in denen Handlungsketten und Wirkfaktoren aufgrund ihrer Linearität absehbare Folgen nach sich ziehen. Der Bereich der Bioinformatik ist jedoch äußerst komplex: Interdisziplinäre Kooperation und reziproke Beeinflussung verschiedener Faktoren erschwert eine eineindeutige Folgenabschätzung.

So fordert Jonas[199] ein neues Prinzip für unser technisches Handeln: Er strebt eine Beschränkung der individuellen Forschungsfreiheit an. All jene technische Handlungen sind zu unterlassen, deren Folgen nicht in ihrer Totalität abzusehen sind.

Dies würde jedoch nach eben aufgeführten Gesichtspunkten eine Stagnation der technischen Weiterentwicklung bedeuten, da eine neue Technologie im aktuellen Stadium einer technologisch gesteuerten Gesellschaft nicht in einem abgeschlossenen Raum entsteht bzw. angewandt wird, sondern mit anderen mehr oder minder komplexen Systemen in Wechselwirkung tritt und so nicht absehbare Konsequenzen bedingt. Folglich ist die Forderung

---

[198] Kant, I., *Eine Vorlesung über Ethik*, 1990, S. 269
[199] Jonas, H., Das Prinzip Verantwortung. Versuch einer Ethik für die technologische Zivilisation, 1979, nach: Mainzer, K., Computer: Neue Flügel des Geistes?, 1994, S. 789 f

nach einer Beschneidung der wissenschaftlichen Freiheit unter dem Kriterium der Neugierlizenz abzulehnen. Klaus Mainzer wird hier zugestimmt:

> "Das Jonassche Prinzip der Unterlassung, wie ich es nennen möchte, scheint zunächst einleuchtend. Aber nicht nur unser Tun, auch unser Unterlassen hat heute Konsequenzen. In einer Überspitzung könnten nämlich Unterlassung und Immobilismus zur Verneinung jeder Innovation führen, denn wir durchschauen die Folgewirkungen unserer technischen Handlungen nie in allen ihren Konsequenzen."[200]

Ladd [201] führt o.g. Perspektiven zusammen:

Für die Wissenschafts- und Forschungsbereiche der Bioinformatik wird festhalten, dass

- ausdrücklich formulierte und nicht nur implizit vorhandene Moralvorstellungen unabdingbare Voraussetzungen für eine jede technologische Weiterentwicklung sind,

- diese moralischen Auflagen dem Forschergeist jedoch nicht entgegenstehen dürfen, indem sie sich an dem kantschen Freiheitspostulat orientieren und die prinzipielle Limitation der individuellen Freiheit die des Mitmenschen ist,

- Technik und technologische Komponenten an sich nicht wert- und fehlerfrei sind, dass im Sinne einer Neugierlizenz dem Wissenschaftler zwar Forschungs- und somit Handlungsfreiheit zugestanden wird, jedoch

- menschliche Bedürfnisse und gesellschaftliche Probleme in unserer *Liebesaffäre mit dem Computer*[202] nicht aus den Augen verloren werden dürfen, indem Computer mit *übermenschlichen (gottähnlichen) Eigenschaften* ausgestattet werden, die sie ethischer Kritik gegenüber *moralisch immun* machen,

---

[200] idem, S. 790

[201] vgl.: J. Ladd, Computer, Information und Verantwortung, in: H. Lenk (Hrsg.), Wissenschaft und Ethik, 1991, S. 283

[202] idem

- wissenschaftlicher und technologischer Fortschritt prinzipiell ein gewisses Risiko der Nichtbestimmbarkeit eventueller Folgen in sich trägt, das u.a. durch die komplexen Interaktionen verschiedener Faktoren bedingt ist.

Diese Grundsätze können als angemessener Ausgangspunkt für eine weitere ethische Diskussion angesehen werden.

5.3.3. Die judikative Kritik als Lösungsansatz

Ottfried Höffes[203] Synthese aus seiner Kritik der emanzipatorischen und affirmativen Ethik stellt einen weiteren Ansatz dar, der einen wichtigen Beitrag in der Diskussion um ethische Richtlinien innerhalb der Bioinformatik leistet:

Die negative bzw. emanzipatorische Kritik steht, so Höffe, in der Tradition der Aufklärung und setzt sich fort in emanzipatorischen und Erkenntnis geleiteten Interessen. Diese Kritik, die auf Freiheit und Gerechtigkeit auch innerhalb der Wissenschaft und Forschung setzt, fordert immer wieder Veränderungen und Weiterentwicklungen, Überwindung des Alten. Dieser Drang nach Fortschritt entsteht nicht nur aufgrund eines Erkenntnisziels, sondern auch, weil in der aufklärerischen Tradition allerorts Krisen gesehen werden, die nach Veränderung verlangen[204]. Innerhalb dieser Linie macht sich kein Widerstand gegen die vorangetriebene Wissenserweiterung, die der Erkenntnisgewinnung dient, bemerkbar. Das moralisch Gute reglementiert die Anwendung des erworbenen Wissens, jedoch steht es dem Menschen/dem Wissenschaftler zuerst frei, dieses Wissen zu erlangen.

Die positive oder affirmative Kritik legt Wert auf den moralischen Traditionserhalt und ist neuen Entwicklungen gegenüber grundsätzlich misstrauisch eingestellt.

Nach Höffe ergeben sich beide Kritikalphabete aus den Bedingungen der Neuzeit. Doch während in der emanzipatorischen Kritik Veränderungen

---

[203] Ottfried Höffe, *Philosophie als Zeitdiagnose*, 1991, S. 242ff
[204] idem

gefordert werden, da die allgegenwärtigen Krisen einen Wandel einklagen, herrscht ein allgemeines Freiheits- und Gerechtigkeitsinteresse. Die positive Kritik hingegen wendet sich den Rahmenbedingungen zu. Diese Rahmenbedingungen sollten Veränderungen unbeschadet überstehen, sie bilden das Gerüst, innerhalb dessen sich der Wandel vollziehen kann.

Höffe sieht die Schwachpunkte in beiden Ansätzen darin, dass sich die negative Kritik, bedingt durch ihre (zwanghafte) Suche nach Widersprüchen, nicht auf vollzogene Emanzipation, sondern auf noch einzuklagende konzentriert und somit unbefriedigend ist. Die positive Kritik hingegen findet insofern ihre Existenzberechtigung, dass sie Individualität und Vielfalt, Geschichte und Tradition in den Vordergrund stellt, jedoch

"Für sich allein ist sie aber zu keinem Gleichgewicht der Beurteilung fähig und gibt dem Kontrahenten dasselbe Recht, seine negative Kritik als notwendiges Gegengewicht zu verstehen."[205]

Während sich die negative Kritik der ethischen Forschungsdiskussion bislang weitgehend entzog, so Höffe, finden sich innerhalb der affirmativen Kritik zahlreiche Kontraargumente gegen die Involvierung einer wie auch immer gearteten Judikative in Entscheidungsfragen.

Als Alternative und gelungene Synthese beider Ansätze formuliert Höffe die judikative Kritik als neutrale, Affirmation und Negation integrierende Kritik. So soll ein pragmatischer Umgang mit Technik und Technologie ermöglicht werden. Die ethische Beurteilung hängt von den konkreten Folgen einer fortschreitenden Technikentwicklung ab. Rechtfertigung für den Entwurf einer "neuen" Kritik im Sinne einer interessenungebundenen, ethischen Stellungsnahme zum Fortschritt auf theoretischer und applikativer Ebene, ist der Mangel an einer solchen Forschungsethik. Höffes Urteil, dass bisher weder positive noch negative Kritik befriedigende Ansätze vorstellten, wird an dieser Stelle bestätigt.

---

[205] idem, S. 243

5.4. Synthese

Ein Argument gegen eine judikative Stellungnahme zur Wissenschaftsethik ist, im Sinne Marquards Neugierlizenz der Forschung[206], dass dem menschlichen Drang zur Wissenserweiterung kein Richter bzw. keine richterliche Instanz übergeordnet werden dürfe. Der Mensch und Wissenschaftler als freies Wesen hat das Recht, sein naives Interesse und seinen Forscherdrang zu befriedigen, ohne eine superiore Moralinstanz befragen zu müssen.

Durch den oben ausgeführten Ansatz der ethischen Eigenverantwortlichkeit, unterstützt durch kontraktualistische Prinzipien, soll das Konzept der wissenschaftlichen Neugierlizenz prinzipiell anerkannt werden. Jedoch wird auf die Notwendigkeit einer zusätzlichen vertraglichen Regelung als externe Kontrollinstanz aus bereits genannten Gründen verwiesen.

In diese Definition der Verantwortung fallen auch die Handlungen, die ein Mensch nicht selbst verrichtet. Der Mensch soll auch zur Rechenschaft für Handlungen oder Folgen, die durch künstliche Wesen oder Maschinen entstehen, gezogen werden können, insofern ein Abhängigkeits- oder Besitzverhältnis[207] nachzuweisen ist.

> "In der Welt des Körperlichen müssen wir uns notgedrungen die Taten unseres Körpers zurechnen lassen. [...] Andererseits können die der Virtualität innewohnenden Möglichkeiten einigen Menschen bequeme Entschuldigungsgründe für unverantwortliches Verhalten liefern, so wie sie umgekehrt die Entfaltung andernfalls unterdrückter schöpferischer Kräfte begünstigen mögen."[208]

Dieser Gedanke wird in ähnlicher Weise von Günter Ropohl ausgeführt, der Technikkontrolle so interpretiert, dass erwünschte Effekte verstärkt und unerwünschte vermieden werden[209]. Hier muss berücksichtigt werden, wie

---

[206] idem
[207] Dies soll in Anlehnung an ein Verhältnis, wie es z.B. auch Eltern-Kind-Beziehungen definiert, verstanden werden: "Eltern haften für ihre Kinder" gilt auch, wenn das Kind eine Handlung in der Abwesenheit der Eltern ausübt.
[208] Turkle, S., *Leben im Netz,* 1999, S. 413
[209] Ropohl, S. 276ff

bereits gezeigt wurde, dass Technikgenese mit komplexen Faktoren in reziproker Beeinflussung steht und dass somit nicht alle möglichen Konsequenzen vorherberechnet werden können. Ropohl zeichnet das Bild einer konzentrierten Techniksteuerung, in der alle Akteure der technischen Entwicklung und auch eine innovative Technikbewertung partielle Steuerungsfunktionen verfolgen. Institutionen und Prozeduren koordinieren und vermitteln zwischen den partikulären Steuerungsprozessen, wobei demokratische Institutionen verbindliche Rahmenbedingungen der Vermittlung und Koordination gewährleisten.

Wenn dieser Entwurf einer Techniksteuerung durch Thomas Metzingers Vorschläge zur Entwicklung einer innerwissenschaftlichen Ethik[210] ergänzt werden, wird eine akzeptable Synthese der verschiedenen ethischen Entwürfe ermöglicht:

- Allen in den relevanten Disziplinen tätigen Forschern steht ein grundsätzliches Recht auf maximale Forschungs- und Denkfreiheit zu, wobei im Gegenzug eine freiwillige ethische Selbstbegrenzung vollzogen werden sollte.

- Das minimal-ethische Grundprinzip der Leidensminimierung muss neben der Grundlagenforschung oberste Priorität eingeräumt werden, um psychisches und physisches Leiden von Menschen zu vermeiden.

- Eine innerwissenschaftliche Neurotechnologie-Ethik soll für alle Lebewesen, nicht nur die der menschlichen Rasse, gelten, wobei das ausschlaggebende Kriterium nicht Rationalität, sondern Leidensfähigkeit ist[211].

---

[210] Metzinger, T., *Philosophische Stichworte zu einer Ethik der Neurowissenschaften und der Informatik*, in: C. Maar, E. Pöppel, T. Christaller (Hrsg.), Die Technik auf dem Weg zur Seele, 1996, S. 375 f

[211] Metzinger weist hier explizit auf das vielfach vermeidbare Leiden von Versuchstieren hin und stellt die Forderung nach einer ständig staatlich kontrollierten Optimierung der Haltungs- und Versuchsbedingungen sowie den vermehrten Einsatz von Computersimulationen und internationalen Datenbanken. Da in unserem Falle jedoch die Cyborg-Technologie noch nicht auf eine vergleichbar lange Forschertradi-

- Da spezielle Forschungsgebiete, wie sie hier im Bereich der Neurotechnologie vorliegen, Expertise und Fachwissen erfordern, liegt die Transparenz der Forschung in der moralischen Verantwortung eben jener Experten. Die Öffentlichkeit muss rechtzeitig und eindeutig über potenzielle Gefahren der technischen Mittel aufgeklärt werden.

Insbesondere letztgenannte Forderung nach der rechtzeitigen Aufklärung der Betroffenen durch die verantwortlichen, also ausführenden Wissenschaftler, geht über das real Machbare hinaus. Wie im Anschluss aufgezeigt wird, ist die sichere Abschätzung der Technikfolgen eine schwierige Aufgabe.

Metzingers Position ist nicht nur auf einen ethischen Teilbereich einer spezifischen Disziplin anwendbar, sondern formuliert auch die angemessenen Prämissen für die Forschertätigkeit innerhalb der Bioinformatik als Integrationswissenschaft. Das Kriterium der wissenschaftlichen Selbstbegrenzung ist hier durch die Zweckorientiertheit der Eingriffe in die natürliche Funktionsweisen des Organismus definiert. Der auf diese Weise manipulierte Organismus hört dabei nie auf, als Lebewesen betrachtet zu werden. Die Bezeichnung "Cyborg" kann von Individuum zu Individuum einen unterschiedlichen Grad der Inkorporierung künstlicher Elemente in den Körper bedeuten. So ist es möglich, dass eine Person, die einen Herzschrittmacher trägt, sich selbst als Cyborg bezeichnet, während eine Person, die eine Neuroprothese als Handersatz trägt, sich nicht so nennt. Wenn hier begrifflich Unterschiede zwischen Mensch und Cyborg eingeführt wurden, so wie dies in vorliegender Arbeit geschah, so darf diese Differenzierung keine Konsequenzen in dem Sinne nach sich ziehen, dass ein Cyborg als "Maschine" tituliert wird und ihm weniger Rechte zugestanden werden als seinem biologischen Äquivalent. Ein Cyborg muss demzufolge im gleichen Maße als ethisches Subjekt gelten wie ein Mensch.

---

tion zurückblicken kann, sind auch noch nicht genügend Daten vorhanden. Hier bleibt der medizinische Eingriff in der Entscheidungsfreiheit des Individuums, der sein subjektives Leiden selbst am besten einschätzen kann.

In Relation mit der fortschreitenden Digitalisierung des Menschen und seiner Umwelt soll hier folgende pragmatische Position[212] eingenommen werden:

Die Technologisierung bzw. Digitalisierung des Menschen wird in Relation zum reellen (Anwendungs-)Nutzen betrachtet. Bereits adäquat funktionierende natürliche Systeme brauchen folglich nicht weiter optimiert bzw. manipuliert zu werden. Jede technische und technologische Entwicklung soll darauf hinauslaufen, den Menschen im Bereich des Möglichen zu ergänzen, und zwar im Sinne des Optimierens: Positive physische und psychische Eigenschaften sollen im Originalzustand belassen und/oder verstärkt werden, negative Zustände und Bedingungen sollen kontrastiert und verbessert werden. Verschiedene biologische Systeme bereits ihre Funktionstauglichkeit bewiesen, indem sie dem organistischen Träger einen höheren Fitnessgrad in seiner entsprechenden Umwelt erbrachten. Sie sollen folglich in die digitale Evolution integriert werden, indem eine Schnittstelle zwischen ihnen und elektronischen Systemen geschaffen wird, jedoch müssen sie nicht ersetzt werden: Es ist sinnvoll, die individuelle Sehstärke mittels externer Hilfsmittel wie Brillen oder Kontaktlinsen oder durch Retinaimplantate zu verbessern bzw. wiederherzustellen. Jedoch hätte der komplette Ersatz der Augen durch ein Kamerasystem keinen pragmatischen Wert.

Es ist zu hoffen, dass durch diese Art der zweckorientierten Auswahl von Evolutionskriterien ein Cyborg entstehen kann, der sich durch ein optimiertes Mensch-Maschine-Interface auszeichnet und somit die positiven Eigenschaften eines biologischen und eines anorganischen Systems umfasst.

---

[212] *Pragmatisch* meint hier in alltagssprachlicher Bedeutung anwendungsorientiert.

6. Nachwort

> *"Ich halte es für die beste Kontrolle eines Modells, wie gut man damit die Fragen beantworten kann: "Was weißt du jetzt, was du vorher nicht wusstest?" und "Wie kann man feststellen, ob es wahr ist?"*
>
> James M. Bower[213]

In vorliegender Arbeit wurden folgende These aufgestellt:

Der Mensch nimmt die Evolution in die eigenen Hände, steuert und kontrolliert sie. Auf diese Weise konstruiert er sich und seine "Nachkommen" nach seinen Vorstellungen.

Die Argumentation folgte dieser Struktur:

Zuerst wurden die Faktoren, die die angenommene künstliche Evolution provozieren, genannt. Daraufhin wurden aktuelle technische und medizinische Möglichkeiten der Bioinformatik dargestellt und die Wechselwirkung der Bioinformatik mit der KI- und KL-Wissenschaft beschrieben. Es wurde gezeigt, dass menschliche Wahrnehmung und höhere kognitive Fähigkeiten von künstlichen Systemen simuliert werden können. Analog zur menschlichen Perzeption ist ein künstliches neuronales Netzwerk sogar in der Lage, qualitative Objekteigenschaften zu erkennen.

Im Alltag setzt sich die Cyborgisierung des menschlichen Organismus zuerst in der Verbreitung der Informations- und Kommunikationstechnologien fort. Ethische und auch rechtliche Probleme, die diese Technologien mit sich bringen, müssen in eine Ethik, die ihr Hauptaugenmerk auf den Umgang mit der Cyborgisierung des Menschen richtet, integriert werden. Hier wurde das Fehlen einer philosophischen Stellungnahme zu diesem dringenden Thema kritisiert und ein möglicher, integrativer Lösungsansatz erarbeitet.

Abschließend sollen die zentralen Punkte meiner Arbeit zusammenfassend wiedergeben werden:

Mit der progressiven Integration von Technik in unser Leben vollzieht sich ein fließender Übergang von einer rein biologischen Existenz hin zum Cyborg. Die Inkorporierung künstlicher Systeme in den Organismus ist schließlich die logische Fortführung der kontinuierlichen Weiterentwicklung von Werkzeugen und steht somit in klassischer Fortschrittstradition. Auf diese Weise richtet sich auch die künstliche Evolution nach darwinistischen Prinzipien.

Am deutlichsten macht sich die fortschreitende Cyborgisierung innerhalb der Medizin bemerkbar: Durch innovative bioinformatische Technologien kann das menschliche Leben immer mehr verlängert werden, Krankheiten und Behinderungen kann durch den Einsatz künstlicher Bausteine entgegengewirkt werden. Die Verbindung von biologischen mit anorganischen Systemen stellt so eine Optimierung des Organismus dar.

Die parallel dazu stattfindende Entwicklung KI-begabter Geräte ist die Basis für die reziproke Annäherung von Mensch und Maschine. Von der Ausstattung seiner Gebrauchsgegenstände mit künstlicher Intelligenz profitiert der Mensch in dreifacher Hinsicht; diese Werkzeuge werden so benutzerfreundlicher, ökologischer und ökonomischer. Die Robotik hingegen bringt der Bioinformatik wichtige Erkenntnisse in Aufbau und Funktion des lebenden Organismus: Durch die gelungene Nachbildung und Simulation sensorischer und motorischer Fähigkeiten des Menschen und der Konstruktion bewegungsfähiger Roboter, die sich nicht an natürlichen Vorbildern orientieren, wird das Wissen um biologische Abläufe erweitert. Roboterelemente können als Vorlagen für die Konstruktion von Cyborg-Bausteinen wie z.B. Neuroprothesen verwendet werden.

Die Forschungserfolge im Bereich des Künstlichen Lebens bieten Einblicke in Prinzipien und Mechanismen, die die höheren kognitiven Fähigkeiten des Menschen definieren: Menschliche Wahrnehmung und menschli-

---

[213] Bower, J.M., zitiert nach: Crick, F., *Was die Seele wirklich ist,* 1997, S. 220

ches Bewusstsein sollen von künstlichen Systemen simuliert bzw. reproduziert werden. Die Entwicklung von virtuellen Wesen, die Gefühle und Motivationen simulieren können, sowie von gemeinschaftsfähigen Robotern bewirkt eine Erweiterung des eng gefassten menschlichen Bewusstseinsbegriffs.

Die Verbreitung der Kommunikationstechnologien im Alltag macht die Grenzen zwischen Mensch und Technik durchlässig. Neben anderen Faktoren, die sich aus dem allgemeinen Risiko des Technikfortschritts ergeben, definieren auch die ethischen und rechtlichen Unklarheiten, die sich im Zusammenhang mit diesen Technologien ergeben, das Problemfeld der Philosophie. Für die Philosophie stellt sich hiermit die dringliche Aufgabe, einen zuverlässigen ethischen Rahmen zu setzen, innerhalb dessen sich Wissenschaft und Forschung frei entwickeln können.

Der in dieser Arbeit präsentierte Entwurf für ein solches philosophisches Gerüst baut auf dem Prinzip einer grundlegenden Forschungsfreiheit mit einer sog. Neugierlizenz auf. Insoweit die Folgen, die sich aus der Konstruktion oder Anwendung eines (materiellen oder immateriellen) Produkts ergeben, absehbar sind, ist der Verursacher (also Wissenschaftler oder Anwender) nicht seiner ethischen und rechtlichen Verantwortung entbunden. Der Forscher verpflichtet sich zu einer allumfassenden Aufklärung der Allgemeinheit über abschätzbare Folgen. Diese Forderung betrifft den Wissenschaftler als Einzelperson wie auch alle Verbindungen, Firmen, Länder, etc. Die Erfüllung dieser staatsübergreifenden Pflichten müsste vertraglich geregelt sein und durch geeignete Institutionen überwacht werden. Durch die Anwendung des Subsidiaritätsprinzips soll des weiteren gewährleistet werden, dass Regeln und Normen in Hinblick auf den Umgang mit technischen und technologischen Entitäten praktischen Wert besitzen.

Ziel der philosophischen Stellungnahme sollte sein, "die technische Entwicklung derart zu beeinflussen, dass erwünschte Effekte verstärkt und unerwünschte Effekte weitestmöglich vermieden werden."[214]

---

[214] Ropohl, S. 276

In einem graduellen Prozess überwindet so der Mensch seine physischen und psychischen Grenzen. Natur verschmilzt mit Technik, Mensch und Maschine vereinen sich, Subjektivität weicht der Reproduzierbarkeit von Bewusstseinsinhalten. Technik dringt bis in die letzten und heiligsten Gebiete des Menschen vor: Sogar die menschliche Wahrnehmung und damit sein Bewusstseinsinhalt, wovon angenommen wurde, dass sie ihn von allen anderen Lebewesen unterschied, kann von einem künstlichen System simuliert werden. Der Mensch gibt damit seine Individualität nicht auf, sondern er erweitert sie vielmehr: Durch die Symbiose mit Technik zeigt sich dem Menschen eine andere Wirklichkeit, er nimmt sich und seine Umgebung auf neue Art und Weise wahr. Cyborgs sind die Wunschkinder des Menschen.

Literatur und Quellennachweise

Nachweis der Abbildungen

[Stand der Internet-Quellen: 01.12.2000]

Abb. [1]:
auf Anfrage erhalten vom Statistischen Bundesamt, Postfach 276, 10124 Berlin

Abb. [2]:
http://www.lifeline.de/roche/5/5/4/25.gif

Abb. [3]:
http://www.informatik.uni-bremen.de/~fmike/multilern/oldyoung.html

Abb. [4]:
http://www.ct.heise.de/tp/deutsch/inhalt/sa/3012/2.html

Primärliteratur

Altenbrug, J. u. U., *Mobile Roboter*, München, Hanser, 1999

Asimov, I., *Ich, der Robot,* Stuttgart, Verlag Das Beste, 1988

Bieri, P., *Was macht Bewusstsein zu einem Rätsel*, in: T. Metzinger (Hrsg.), *Bewusstsein, Beiträge aus der Gegenwartsphilosophie*, Paderborn, 1995

Brand, S., *Media lab. Computer, Kommunikation und neue Medien. Die Erfindung der Zukunft am MIT.* , Reinbek, rororo, 1990

Campbell, B.G., *Entwicklung zum Menschen*, Stuttgart-New York, Gustav Fischer, 1979

Dörner, D., *Bauplan für die Seele*, Hamburg, Rowohlt, 1999

Drösser, C., *Künstliche Intelligenz: Der Geist im Chip?*, in: R. Breuer, (Hrsg.), *Das Rätsel von Leib und Seele*, Stuttgart, DVA, 1997

Dyson, G.B., *Darwin among the machines*, Cambridge, Massachusetts, Perseus Books, 1997

Eccles, J.C., *Das Gehirn des Menschen*, Lizenzausg., Weyarn, Seehamer, 2000

Franklin, S., *Artificial Minds*, 4. Aufl., Cambridge, MIT Press, 1999

Franzmann, B., Fröhlich, W.D., Hoffmann, H., Spörri, B., u. Zitzlsperger, R. (Hrsg), *Auf den Schultern von Gutenberg*, Berlin-München, Quintessenz, 1995

Gershenfeld, N., *Wenn die Dinge denken lernen*, München-Düsseldorf, Econ, 1999

Gray, Chris Hables (Hrsg.), *The Cyborg Handbook*, New York-London, Routledge, 1995

Haraway, D., *Die Neuerfindung der Natur*, Frankfurt a. Main, Campus, 1995

Hobson, J.A., *Schlaf: Gehirnaktivität im Ruhezustand*, Heidelberg, Spektrum der Wissenschaft, 1990

Höffe, O., *Wann ist eine Forschungsethik kritisch?*, in: H.-L. Ollig (Hrsg.), *Philosophie als Zeitdiagnose*, Darmstadt, Wissenschaftliche Buchgesellschaft, 1991

Humphrey, N., *Die Naturgeschichte des Ich*, München, Knaur, 1992

Kaku, M., *Zukunftsvisionen*, München, Knaur, 1997

Kinnebrock, W., *Künstliches Leben: Anspruch und Wirklichkeit*, München-Wien, Oldenbourg, 1996

Kurzweil, R., *Homo s@piens: Leben im 21. Jahrhundert*, München, Econ, 2000

Kurzweil, R., *The age of spiritual machines*, New York, Penguin Books, 1999

Ladd, J., *Computer, Information und Verantwortung*, in: H. Lenk (Hrsg.), *Wissenschaft und Ethik*, Stuttgart, reclam, 1991

Leuthardt, B., *Festung Europa*, Zürich, Rotpunktverlag, 1994

Lipinski, H.-G., *Einführung in die medizintechnische Informatik*, München-Wien, Oldenbourg, 1999

Maar, C., Pöppel, E., Christaller, T., (Hrsg.) *Die Technik auf dem Weg zur Seele*, Hamburg, rororo, 1996

Mainzer, K., *Gehirn, Computer, Komplexität*, Berlin-Heidelberg-New York, Springer, 1997

Mainzer, K., *Computernetze und virtuelle Realität*, Berlin-Heidelberg-New York, Springer, 1999

Marquard, O., *Neugier als Wissenschaftsantrieb oder die Entlastung von der Unfehlbarkeit*, in: E. Ströker (Hrsg.), *Ethik der Wissenschaften? Philosophische Fragen*, München/Paderborn, Fink, 1984

Mataric, M.J., *From local Interactions to Collective Intelligence*, in: *Conference on Integration of Elementary Functions into Complex Behaviour*, Part 1, Bielefeld, 12.-15.7.1994

Menzel, P. u. D'Aluisio, F., *Robo sapiens*, Cambridge, MIT Press, 2000

Minsky, M., *Mentopolis,*, Stuttgart, Klett Cotta, 1990

Minsky, M., *Society of mind*, New York, Touchstone, 1986

Mittelstrass, J., *Das ethische Maß der Wissenschaft*, in: Rechtshistorisches Journal 7, Frankfurt, Löwenklau-Gesellschaft, 1988

Mohr, H., *Evolutionäre Erkenntnis*, in: Information Philosophie 4, Düsseldorf, Funken u. Partner, 1986

Moravec, H., *Robot: Mere machine to transcedent mind*, New York-Oxford, University Press, 1999

Mutschler, H.-D., *Die Gottmaschine*, Augsburg, Pattloch Verlag, 1998

Nagel, T., *What Is It Like to Be a Bat*, in: Morton, Peter A. (Hrsg.), *A Historical Introduction to the Philosophy of Mind: Readings with Commentary*, Peterborough, Broadview Press, 1997

Negroponte, N., *Total digital*, München, Bertelsmann, 1995

Paul, G. S., u. Cox, E. D., *Beyond humanity: Cyberevolution and future minds*, Rockland, Charles River Media, 1996

Ropohl, G., *Ethik und Technikwertung*, 2. Aufl., Frankfurt, Suhrkamp, 1993

Roßnagel, A., *Zur rechtlichen Bewältigung der informationstechnischen Entwicklung- Gestaltungsnotwendigkeiten, -probleme und –möglichkeiten*, in: Böttger, B. u. Fieguth, G. (Hrsg.), *Zukunft der Informationstechnologie*, Münster, Westfälisches Dampfboot, 1992

Roth, G., *Gehirn und Bewusstsein*, in: R. Breuer (Hrsg.), *Das Rätsel von Leib und Seele*, Stuttgart, DVA, 1997

Schefe, P., Hastedt, H., Dittrich, Y., u. Keil, G. (Hrsg.), *Informatik und Philosophie*, Mannheim-Leipzig-Zürich, Wissenschaftsverlag, 1993

Schimmel, W., *Personalinformationssysteme- die elektronische Mitarbeiterbetreuung*, in: Apitzsch, Briefs, Drinkuth, Heller, Schimmel, Schmitz, Wohlgemuth, u. Wolter (Hrsg.), *Im Schatten des grossen Bruders*, Cooperative-Verlag, Frankfurt, 1985

Schinzel, B., *Wie menschlich sind Maschinen?*, in: H.-D. Ebbinghaus u. G. Vollmer (Hrsg.), *Denken unterwegs*, Stuttgart, Edition Universitas, 1992

Steinhardt, M., *Altern*, Stuttgart, Wissenschaftliche Verlagsgesellschaft, 1990

Steinmüller, W., *Informationstechnologie und Gesellschaft*, Darmstadt, Wissenschaftliche Buchgesellschaft Darmstadt, 1993

Stocker, G. u. Schöpf, C. (Hrsg.), *Macht. Information. Krieg.*, Wien-New York, Springer, 1998

Turkle, S., *Leben im Netz*, Reinbek, rororo, 1998

Sekundärliteratur

Allman, W.F., *Mammutjäger in der Metro*, Heidelberg-Berlin, Spektrum, 1999

Bohnke, B.-A., *Abschied von der Natur*, Düsseldorf, Metropolitan, 1997

Brauner, J., u. Bickmann, R., *Cyber Society*, Düsseldorf, Metropolitan, 1996

Bröder, P., Krüger, D., u. Senf, B., *Der programmierte Kopf*, Berlin, Klaus Wagenbach, 1981

Bürgin, L., *Irrtümer der Wissenschaft*, München, Gondrom, 1981

Churchland, P., *On the nature of theories: a neurocomputational perspective*, in: J. Haugeland (Hrsg.), *Mind Design II*, Cambridge, MIT Press, 1997

Claxton, G., *Die Macht der Selbsttäuschung*, München-Zürich, Piper, 1997

Cohen, D., *Die geheime Sprache von Geist, Verstand und Bewusstsein*, München, Hugendubel, 1997

Crick, F., *Was die Seele wirklich ist*, München, rororo, 1997

Dotzler, B. (Hrsg.), *Babbages Rechen-Automate*, Wien-New York, Springer, 1996

Edelman, G., *Neural Darwinism: the theory of neuronal group selection*, New York, Basic Books, 1987

Freyermuth, G., *Cyberland*, Berlin, Rowohlt, 1996

Gerber, Basler, Tewes (Hrsg.), *Medizinische Psychologie*, München-Wien-Baltimore, Urbanu.Schwarzenberg, 1994

Gevarter, W.B., *Intelligente Maschinen. Eine Einführung in die Künstliche Intelligenz und Robotik*, Weinheim, Wilev-VCH, 1987

Habermas, J., *Moralbewusstsein und kommunikatives Handeln*, Frankfurt, Suhrkamp, 1983

Haller, M., (Hrsg.), *Weizenbaum contra Haefner: Sind Computer die besseren Menschen?*, Zürich, Pendo-Profile, 1990

Horkheimer, M., u. Adorno, W.A., *Dialektik der Aufklärung*, Frankfurt a. Main, Fischer, 1998

Hösle, V., *Moral und Politik*, München, Beck, 1997

Kant, I., *Eine Vorlesung über Ethik*, Frankfurt, Fischer, 1990

Kreibich, R. K., *Die Wissensgesellschaft*, Frankfurt, Suhrkamp, 1986

Leakey, R. E., Lewin, R., *Wie der Mensch zum Menschen wurde*, Hamburg, campe paperback, 1996

Leibniz, G.W., *Monadologie,* Stuttgart, Reclam, 1998

Levy, S., *Artificial Life*, New York, Vintage Books, 1993

Linke, D., *Das Gehirn*, München, Beck, 1999

Macrae, N., *John von Neumann*, Basel-Boston-Berlin, Birkhäuser, 1994

Mainzer, K., *Computer: Neue Flügel des Geistes?*, Berlin-New York, de Gruyter, 1994

Mörike, Betz u. Mergenthaler, *Biologie des Menschen*, 14. Aufl., Wiesbaden, Quelle und Meyer, 1997

Morrison, P., *Entropy, Life, and Communication*, in: C. Ponnamperuma u. A.G.W. Cameron, (Hrsg.), *Interstellar Communication: Scientific Perspectives*, Boston, Houghton Mifflin, 1998

Penrose, R., *Computerdenken, Die Debatte um Künstliche Intelligenz, Bewusstsein und die Gesetze der Physik*, Heidelberg, Spektrum der Wissenschaft, 1991

Pinel, J.P.J., *Biopsychologie*, Heidelberg, Spektrum, 1997

Rapp, F., *Fortschritt*, Darmstadt, Wissenschaftliche Buchgesellschaft, 1992

Rheingold, H., *Virtuelle Welten. Reisen im Cyberspace*, Reinbek, Rowohlt, 1992

Schulz, E.H., u. Sempert, F.P., *Die Jahr-2000-Krise*, Wiesbaden, Gabler, 1999

Seabrook, J., *Odyssee im Cyberspace*, Düsseldorf, Metropolitan, 1997

Searle, J.R., *Die Wiederentdeckung des Geistes*, Frankfurt, Suhrkamp, 1996

Strauch, R., *Das Gleichgewicht der Centauren: Reality Illusion*, Junfermann, Paderborn, 1994

Tetens, H., *Geist, Gehirn, Maschine*, Hamburg, Reclam, 1994

Thompson, R.F., *Das Gehirn*, 2. Aufl., New York, Spektrum, 1993

Tudge, C., *Wir Herren der Schöpfung*, Heidelberg-Berlin-Oxford, Spektrum, Akademischer Verlag, 1993

Turkle, S., *Leben in Zeiten des Internet*, Hamburg, Rowohlt Verlag, 1993

Varela, F. u. Thompson, E., *Der mittlere Weg der Erkenntnis*, Bern-München-Wien, Scherz, 1992

Wellmann, K.-H., u. Thimm, U. (Hrsg.), *Intelligenz zwischen Mensch und Maschine,* Münster-Hamburg-London, 1999

Wiener, N., *Kybernetik*, Düsseldorf, Metropolitan, 1963

Wiener, N., *The human use of human beings*, Reprint, Boston, Da Capo Press, 1954

Wills, C., *Das vorauseilende Gehirn*, Frankfurt, Fischer, 1996

Zeitschriften

BioWorld, Nr. 4/2000, CH

Der Spiegel, 19/8.5.2000, S. 135-166

Nature Neurosciences, Juli 1999, Volume 2, Nr. 7, USA

New Scientist, Nr. 2242, GB

c't Nr. 20, 1999

Spektrum der Wissenschaft Spezial, *Schlüsseltechnologien,* 4/1995

Spektrum der Wissenschaft Dossier, *Kopf oder Computer*, 4/1997

Spektrum der Wissenschaft Dossier, *Roboter erobern den Alltag*, 4/1998

Spektrum der Wissenschaft Spezial, *Der High-Tech-Körper*, 4/1999

Spektrum der Wissenschaft, 1/2000, S. 36-43

Spektrum der Wissenschaft, 10/2000, S. 60-75

Spektrum der Wissenschaft, 9/2000, S. 30-41

Duden und Lexika

Boss, N., *Wörterbuch der Medizin*, München-Wien-Baltimore, dtv, 1994

Dorsch, F., (Hrsg.), *Diccionario de psicología*, Barcelona, Herder, 1994

Menge. H., (Hrsg.), *Langenscheidts Taschenwörterbuch Lateinisch*, Berlin-München-Wien-Zürich-New York, 1997

Schischkoff, G. (Hrsg.), *Philosophisches Wörterbuch*, Stuttgart, Kröner, 1991

Scholze, W., (Hrsg.), *Duden*, 21. Aufl., Mannheim-Leipig-Wien-Zürich, Dudenverlag, 1996

Seebold, E., (Hrsg.), *Kluge: Etymologisches Wörterbuch der deutschen Sprache*, Berlin-New York, Walter de Gruyter, 1999

Schneider, H.J., *Lexikon der Informatik und Datenverarbeitung*, 3. Aufl., München-Wien, Oldenbourg, 1991

Internetquellen

[Stand: 01.12.2000]

Zitierte Artikel zu Bioinformatik, KI und KL

Ditto: http://www.bme.gatech.edu/faculty/ditto.html

Dörner, D.: http://www01.ix.de/tp/deutsch/special/robo/6211/1.html

Haas: http://www.welt.de/daten/2000/09/12/0912ws190462.htx

Hack: http://www.uni-erfurt.de/~hack/sci/magister/index.htm

Hoppe: http://www.bundesaerztekammer.de/bak/owa/idms.show?id=113142

Mataric, M.: http://www-robotics.usc.edu/personal/maja/publications.html

Moravec, H.: http://www.frc.ri.cmu.edu/~hpm/book97/reviews/990227.globe.html

Nagel, T.: http://www.nyu.edu/gsas/dept/philo/faculty/nagel/papers/dual.html

Ray, T.: http://www.heise.de/tp/deutsch/special/bio/2158/1.html

Rötzer, F.: http://www./tp/deutsch/special/leb/6942/1.html

Zu Stelarc:

http://www.gu.edu.au/gart/Fineart_Online/Gallery/Stelarc/stelarc.html

http://www.heise.de/tp/deutsch/inhalt/sa/3012/2.html

http://www.unipublic.unizh.ch/magazin/umwelt/2000/0033/

http://www.informatik.uni-bremen.de/~fmike/multilern/oldyoung.html

Robotik, virtuelle Kreaturen und Evolutionsprogramme

http://www.golem_03_cs-i_brandeis_edu.html

http://www.geo.de/magazin/reportagen/roboter/roboter.html

http://www.heise.de/tp/deutsch/special/bio/2158/1.html

http://www.heise.de/tp/deutsch/special/robo/6212/1.html

http://evolver.at/archiv/cyb/kl.html

http://evolver.at/archiv/cyb/kl.html

Allgemeine Informationen zu KI, KL, Robotik und Informationstechnologie

Magna Charta: http://sem.lipsia.de/charta/d/charta.htm

Moratorium: http://www.faseb.org/opar/cloning.moratorium.html

http://www.biochem.mpg.de/mnphys/general/pub/focus.html

http://idw.tu-clausthal.de/public/pmid=11418/zeige_pm.html

http://www.nature.com/cgi-taf/DynaPage.taf?file=/neuro/journal/v2/n7/full/nn0799_583.html

http://www.unipublic.unizh.ch/magazin/umwelt/2000/0033/

http://www.heise.de/bin/tp/issue/dlartikel.cgi?artikelnr=1499u.rub_ordner=inhalt u.mode=html

http://www.heise.de/bin/tp/issue/dl-artikel.cgi?artikelnr=2336u.rub_ordner=inhaltu.mode=html

http://www.heise.de/bin/tp/issue/dl-artikel.cgi?artikelnr=6522u.rub_ordner=specialu.mode=html

http://www.heise.de/tp/deutsch/inhalt/sa/3012/2.html

http://www.nature.com/cgi-taf/DynaPage.taf?file=/neuro/journal/v2/n7/full/nn0799_583.html

http://www.univie.ac.at/Publizistik/Dorer1997-2.htm

Kurzgeschichte

Moxon´s Master: http://www.sff.net/people/DoyleMasdonald/1_moxon.htm

www.ingramcontent.com/pod-product-compliance
Lightning Source LLC
Chambersburg PA
CBHW021956290426
44108CB00012B/1088